中华优秀传统文化经典选读（二）

《中华优秀传统文化经典选读》编撰委员会　主编

武汉大学出版社
WUHAN UNIVERSITY PRESS

图书在版编目(CIP)数据

中华优秀传统文化经典选读.二/《中华优秀传统文化经典选读》编撰委员会主编.—武汉：武汉大学出版社,2019.9(2025.7 重印)
ISBN 978-7-307-20757-8

Ⅰ.中…　Ⅱ.中…　Ⅲ.中华文化—通俗读物　Ⅳ.K203-49

中国版本图书馆 CIP 数据核字(2019)第 034423 号

责任编辑:李　琼　　责任校对:李孟潇　　整体设计:马　佳

出版发行：**武汉大学出版社**　(430072　武昌　珞珈山)
(电子邮箱：cbs22@ whu.edu.cn　网址：www.wdp. com.cn)
印刷:武汉邮科印务有限公司
开本:720×1000　1/16　印张:11.5　字数:169 千字　插页:2
版次:2019 年 9 月第 1 版　2025 年 7 月第 5 次印刷
ISBN 978-7-307-20757-8　定价:38.00 元

《中华优秀传统文化经典选读》（二）
编委会

主　编 陈旺民

副主编 任玉凤　任宝学

编　委（排名不分先后）

陈旺民　任玉凤　任宝学

江兆洁　方艳丽　肖贝贝

祁庆勇　李更生　吕颖超

胡春枝　高　琦　焦聪慧

孟　芳

前　言

当今，中华民族的发展正站在一个新的起点上。文化在综合国力竞争中的地位和作用日益凸显，重塑民族文化，增强民族自信心和凝聚力，引领中华民族在曲折中不断前行，最终实现中华民族的伟大复兴，已刻不容缓。

“求木之长者，必固其根本；欲流之远者，必浚其泉源。”这是唐代名臣魏征的名言。意思是说，要想使树木生长得茂盛，必须稳固其根部，因为根深方能叶茂；要想使水流得长远，必须疏通其源头，因为源远才能流长。中华五千年优秀传统文化就是我们民族的“根”和“魂”，是我们中华民族的文化基因和精神家园，是我们中华民族安身立命的基础、生存发展的支撑、身份归属的标志，是维系中华民族生生不息、发展繁荣最丰厚的滋养和最深沉的动力之源。

加强中华优秀传统文化教育，是构建中华优秀传统文化传承体系，落实立德树人的根本任务，推动文化传承与创新的重要途径。有计划有系统地选读中华优秀传统文化经典篇目，可以引导青少年树立和坚持正确的历史观、民族观、国家观、文化观，不断增强中华民族的归属感、认同感、尊严感、荣誉感、自豪感，可以培育孩子们健康良好的心态、性格、情感与品行，使其拥有一定的文化素养。

世界各个文明国家，都十分重视对本国经典的传承与教育。中华文化绵延五千年，在人类漫长的发展历史长河中就是一个奇迹，这一奇迹与中国自古以来就重视对民族传统文化的传承与学习息息相关。孔子早在2000多年前就提倡诗书礼乐之教，让他的弟子悠游、陶冶于诗书礼乐的教化之中，养成健全良好的人格。中国传统文人也都很看重生命个体的生存品位与品质，很重视人文的熏陶与修养，其中诗词歌赋、琴棋书画的作用是很重要的。

《中华优秀传统文化经典选读》选编了唐诗、宋词、元曲、诗经、神话寓言、古代散文、诸子散文、赋、乐府、家训、戏曲、现代诗歌等篇目或片段，希冀通过这本书，让孩子们了解一点经典的概貌，获得一些中国文化的常识，打下一点心灵成长的底子。

“书卷多情似故人，晨昏忧乐每相亲”，于谦这句诗道尽读书之乐。这本书愿意做你的“故人”，陪伴你的“晨昏”，让生命温暖又丰润！

编　者

2019 年 1 月 20 日

目　　录

第一编　唐诗

第二编　宋词

第三编 元曲

第四编 诗经

第五编　神话寓言

第六编　古代散文

第七编　赋乐府戏曲

第八编　现代诗歌

第一编　唐诗

第二编 县宗

清平调·其一[①]

李白

云想衣裳花想容[②]，春风拂槛露华浓[③]。
若非群玉[④]山头见，会向瑶台[⑤]月下逢。

【注释】

①选自《唐诗三百首》(长江文艺出版社2015年版)，本书第一编唐诗皆出自此版本，后不一一指出。　②“云想”句：指看到云之灿烂就想到其衣服之华美，看到花之艳丽就想到其容貌之艳丽，即以云喻衣，以花喻人。　③槛：栏杆。露华浓：是以带露的牡丹花喻人的艳丽。　④群玉：仙山名，传说中西王母的居处。　⑤瑶台：传说中神仙的居处。

【作者】

李白(701—762)，字太白，号青莲居士，唐朝浪漫主义诗人，被后人誉为“诗仙”。

【赏析】

全诗形容贵妃貌美惊人，怀疑她不是群玉山头所见的飘飘仙子，就是瑶台殿前月光照耀下的神女。

登乐游原[①]

李商隐

向晚意不适，驱车登古原。
夕阳无限好，只是近黄昏。

【注释】

①乐游原：又名乐游苑，故址在今西安南郊，本为秦时的宜春苑，汉宣帝时改建乐游苑，因而下文称“古原”；唐时，为长安士

女游赏的胜地。

【作者】

李商隐，字义山，号玉谿生、樊南生，唐代著名诗人。

【赏析】

喻守真《唐诗三百首详析》：这大概是义山自伤年老之诗。首句写登临的原因，次句写登乐游原。三四句即景生情，回应“意不适”。是说晚景虽好，可惜不能久留，比方人到晚年，亦难长久。

嫦娥[①]

李商隐

云母屏风烛影深[②]，长河渐落晓星沉。

嫦娥应悔偷灵药[③]，碧海青天夜夜心。

【注释】

①嫦娥：传说中的后羿之妻，窃不死之药，飞往月宫。 ②云母屏风：饰以云母的屏风。烛影深：指夜深。 ③灵药：不死之药。

【赏析】

袁行霈等注释《林庚推荐唐诗》：诗的前两句写女主人公室内外环境，透露出长夜不寐、孤寂清冷的情景。后两句是诗人对月中嫦娥孤独寂寞心境的设想，反映出自己得不到爱情的幽怨。全诗渗透的深长孤寂感具有相当大的概括性，能引起读者多种联想。

锦瑟

李商隐

锦瑟[①]无端五十弦[②]，一弦一柱思华年。

庄生晓梦迷蝴蝶[③]，望帝[④]春心托杜鹃。

沧海月明珠有泪⑤，蓝田日暖玉生烟⑥。
此情可待成追忆，只是当时已惘然。

【注释】

①锦瑟：装饰华美的瑟。 ②无端：何故。五十弦：传说中善弦歌的女神素女所鼓之瑟为五十弦。 ③“庄生”句：指庄周梦中化蝶事。《庄子·齐物论》载：“昔者庄周梦为蝴蝶，栩栩然蝴蝶也。自喻适志与，不知周也。俄然觉，则蘧蘧然周也。不知周之梦为蝴蝶与，蝴蝶之梦为周与？周与蝴蝶则必有分矣，此之谓物化。” ④望帝：据晋代常璩《华阳国志·蜀志》，战国末年杜宇在蜀称帝，号望帝，为蜀除水患有功，后禅位，退隐西山，死后魂化杜鹃。 ⑤珠有泪：传说南海鲛人泪水化为明珠。 ⑥“蓝田”句：陕西蓝田山产美玉。又司空图《与极浦书》引戴叔伦语：“诗家之景，如蓝田日暖，良玉生烟，可望而不可置于眉睫之前也。”

【赏析】

喻守真《唐诗三百首详析》：此诗历来注释，聚讼纷纭，莫衷一是。有说是悼亡的，有说是爱国的，有说是自比文才的，有说是思念侍儿锦瑟的，甚至又说锦瑟是当时某贵人的爱姬。我们就诗论诗，大概近于悼亡为是。至于以“锦瑟”为题，则古人往往有取首句首二字为题者很多，并不足怪。

长相思·其一①

李白

长相思，在长安。
络纬秋啼金井阑②，微霜凄凄簟③色寒。
孤灯不明思欲绝，卷帷望月空长叹。
美人如花隔云端。
上有青冥④之长天，下有渌水⑤之波澜。
天长路远魂飞苦，梦魂不到关山难⑥。

长相思，摧心肝！

【注释】

①长相思：乐府旧题。 ②络纬：又名莎鸡，一种昆虫，俗称纺织娘。金井阑：精美的井栏。阑：通“栏”。 ③簟(diàn)：竹席。 ④青冥：苍青幽远。 ⑤渌(lù)水：清澈的水。 ⑥关山难：关山难渡。

【赏析】

这首诗是用秋声秋景感物而起兴。所思的美人远在他方，天长地远，两相隔绝，就是梦魂也越不过关山，可见其相思之苦。

金陵酒肆[①]留别

李白

风吹柳花满店香，吴姬压酒[②]唤客尝。
金陵子弟来相送，欲行不行[③]各尽觞[④]。
请君试问东流水，别意与之谁短长。

【注释】

①酒肆：酒店。 ②吴姬：吴地的女子。压酒：酒酿成后进行过滤。 ③欲行不行：行者与送行者。 ④觞(shāng)：酒杯。

【评点】

喻守真《唐诗三百首详析》：这是一首在酒席间留别送行人的诗。虽然只有短短六句，其惜别的情绪却很长。第一句写时间，第二句写酒肆，第三句写送别的人，第四句写留别之情。末二句故作问语，格外得神。

蜀　　相[①]

杜甫

丞相祠堂何处寻？锦官城外柏森森[②]。

映阶碧草自春色，隔叶黄鹂空好音。
三顾[③]频烦天下计，两朝开济[④]老臣心。
出师未捷身先死[⑤]，长使英雄泪满襟！

【注释】

①蜀相：指诸葛亮，三国蜀汉丞相。　②锦官城：成都的别名。森森：茂盛繁密的样子。　③三顾：指刘备三顾茅庐，向诸葛亮问计。诸葛亮《出师表》云："三顾臣于草庐之中。"　④两朝开济：诸葛亮辅佐刘备开创霸业，又辅佐刘禅济世安邦。　⑤"出师"句：出师伐魏未捷而病亡军中。

【作者】

杜甫(712—770)，字子美，自号少陵野老，世称"杜工部""杜少陵"等，汉族，河南巩县人，唐代伟大的现实主义诗人。杜甫被世人尊为"诗圣"。

【赏析】

喻守真《唐诗三百首详析》：这是游览兼咏史的诗，直书丞相，有尊蜀为正统之意。出师未捷，又有才困时艰之感。此诗章法，前半写景，以"自""空"二字为骨，寓感叹意。后半论事，非常沉痛。现在且将仇兆鳌的评语录下："(前)此四句，叙祠堂之景，首联自为问答，记祠堂所在。'草自春色，鸟空好音'，写祠堂荒凉，而感物思人之意即在言外。(后)此四句，叙丞相之事，'天下计'见匡时雄略；'老臣心'见报国苦衷。有此两句之沉挚悲壮，结作痛心酸鼻语，方有精神。宋宗忠简公(泽)临殁时，诵此二语，千载英雄，有同感也。"

登　高[①]

杜甫

风急天高猿啸哀，渚[②]清沙白鸟飞回。
无边落木萧萧下[③]，不尽长江滚滚来。

万里悲秋常作客④，百年⑤多病独登台。
艰难苦恨繁霜鬓⑥，潦倒⑦新停浊酒杯。

【注释】

①杜甫于代宗大历二年(767)作于夔州。 ②渚：水中小洲。 ③落木：落叶。萧萧：叶落声。 ④作客：指客居异乡。 ⑤百年：指一生。 ⑥繁霜鬓：两鬓长出了白发。 ⑦潦倒：颓丧失意。

【赏析】

袁行霈等著《盛唐诗坛研究》：大历三年，诗人自夔州山峡，到江陵、公安、岳阳一带，过着“飘飘何所似，天地一沙鸥”的生活，一条小船成了他唯一的栖身之所。其名作《登高》即作于此时……是杜甫的杰作，明人胡应麟甚至推为“古今七律第一”，说此诗是“章法、句法、字法、前无昔人，后无来学”的“旷代之作”。

将进酒①

李白

君不见，黄河之水天上来，奔流到海不复回。
君不见，高堂明镜悲白发，朝如青丝暮成雪。
人生得意须尽欢，莫使金樽②空对月！
天生我材必有用，千金散尽还复来。
烹羊宰牛且为乐，会须③一饮三百杯！
岑夫子④，丹丘生⑤，将进酒，君莫停！
与君歌一曲，请君为我倾耳听！
钟鼓馔玉⑥不足贵，但愿长醉不愿醒！
古来圣贤皆寂寞，惟有饮者留其名！
陈王昔时宴平乐⑦，斗酒十千恣欢谑⑧。
主人何为言少钱，径须沽⑨取对君酌。
五花马⑩，千金裘，

呼儿将出换美酒，
与尔同销万古愁！

【注释】

①将进酒：乐府旧题，《乐府诗集》载《将进酒》古辞，题下注云：“古词曰‘将进酒，乘大白’，大略以饮酒放歌为言。”将：请，希望。 ②樽：盛酒的器具。 ③会须：应该。 ④岑夫子：岑勋，李白的朋友。 ⑤丹丘生：元丹丘，李白的朋友。 ⑥钟鼓馔玉：钟鼓，古时豪贵之家宴饮以钟鼓伴奏。馔玉：食物精美如玉。 ⑦陈王：曹植曾被封为陈王，其《名都篇》有曰：“归来宴平乐，美酒斗十千。”平乐：平乐宫。 ⑧斗酒十千：一斗酒值十千钱，指酒美价昂。欢谑：欢乐戏谑。 ⑨径须：只管。沽：买。 ⑩五花马：毛为五色花纹之马。

【赏析】

喻守真《唐诗三百首详析》：太白旷达不羁，视富贵如浮云，此诗差不多是他自己的写照。诗意虽在，人寿几何，及时行乐，圣贤寂寞，饮者留名，但就“天生我材必有用”句看去，在绝对的消极之中，却又含有积极的深意。

蜀道难[①]

李白

噫吁戏[②]，危乎高哉！蜀道之难难于上青天！
蚕丛及鱼凫[③]，开国何茫然！
尔来[④]四万八千岁，不与秦塞[⑤]通人烟。
西当太白有鸟道[⑥]，可以横绝峨眉巅[⑦]。
地崩山摧[⑧]壮士死，然后天梯石栈[⑨]方钩连。
上有六龙回日之高标[⑩]，下有冲波逆折之回川。
黄鹤之飞尚不得过，猿猱欲度愁攀援。
青泥何盘盘[⑪]，百步九折[⑫]萦岩峦。

扪参历井仰胁息[13]，以手抚膺坐长叹。
问君西游何时还？畏途巉岩[14]不可攀！
但见悲鸟号古木，雄飞雌从绕林间。
又闻子规[15]啼，夜月愁空山。
蜀道之难难于上青天！使人听此凋朱颜[16]。
连峰去天不盈尺，枯松倒挂倚绝壁。
飞湍瀑流争喧豗[17]，砯崖转[18]石万壑雷。
其险也如此！嗟尔远道之人胡为乎来哉？
剑阁峥嵘而崔嵬[19]，一夫当关，万夫莫开。
所守或匪亲，化为狼与豺。
朝避猛虎，夕避长蛇。
磨牙吮血，杀人如麻。
锦城虽云乐，不如早还家。
蜀道之难难于上青天！侧身西望常咨嗟[20]！

【注释】

①蜀道难：乐府旧题。《乐府古题要解》："《蜀道难》备言铜梁、玉垒(均为蜀地山名)之阻。" ②噫吁戏：惊叹声。 ③蚕丛、鱼凫：古蜀国的君王。 ④尔来：从那时以来。 ⑤秦塞：指关中。 ⑥太白：秦岭山峰名，今陕西眉县东南。鸟道：险仄的山路，这条山路在太白山以西，故云太白鸟道。 ⑦峨眉：即峨眉山，位于今四川峨眉。 ⑧地崩山摧：《华阳国志·蜀志》载：秦惠文王下嫁五个美女给蜀王，蜀派五力士迎娶。返回梓潼，遇一大蛇钻入山洞，五力士共拉蛇尾，结果山被拉塌，力士与美女皆被压死，山也分为五岭。 ⑨天梯：陡峭的山路。石栈：在山崖上凿石架木建成的栈道。 ⑩六龙：神话中羲和驾驭六龙载着日神在天空从东到西驰走，此指山峰高峻，连六龙至此也无法越过，只能调头折回。高标：最高峰。 ⑪青泥：山峰名，为唐入蜀要道，在今陕西略阳县。《元和郡县志》："悬崖万仞，山多云雨，行者屡逢泥淖，故号青泥岭。"盘盘：屈曲貌。 ⑫百步九折：指在极短的距

离内要拐很多弯。⑬参、井：皆星宿名。古人认为地上某地区与天上某星宿相应，叫分野，参是蜀的分野，井是秦的分野。胁息：敛住呼吸。⑭畏途：险恶可怕的道路。巉(chán)岩：陡峭的岩石。⑮子规：杜鹃鸟，俗名布谷鸟，鸣声听起来似“不如归去”。⑯凋朱颜：青春容颜为之衰老。⑰喧豗(huī)：喧闹声。⑱砯(pīng)：水击岩石声。转：翻转。⑲剑阁：四川剑阁县北七里大剑山、小剑山间的一座雄关，即剑门关。西晋张载《剑阁铭》：“一夫荷戟，万夫趑趄。形胜之地，匪亲勿居。”峥嵘、崔嵬：高峻貌。⑳咨嗟：叹息。

【赏析】

喻守真《唐诗三百首详析》：此诗作意向来有许多人加以揣摩，有说是讽刺严武镇蜀时的放恣横行，有说是讥评玄宗幸蜀的失策。按事实和时代，都不能自圆其说。总之李白是生长在蜀地，以蜀人歌咏蜀地的风景，何必问他有什么寓意。不过其中有“所守或匪亲，化为狼与豺”的话，就可知诗人意在警戒当局者在形势险要的地方，应该好好地用人防守。

梦游天姥吟留别[1]

李白

海客谈瀛洲[2]，烟涛微茫[3]信难求。
越人语天姥，云霞明灭或可睹。
天姥连天向天横，势拔五岳掩赤城[4]。
天台四万八千丈，对此欲倒东南倾[5]。
我欲因之梦吴越，一夜飞度镜湖月[6]。
湖月照我影，送我至剡溪[7]。
谢公[8]宿处今尚在，渌水荡漾清猿啼。
脚著谢公屐[9]，身登青云梯[10]。
半壁见海日，空中闻天鸡[11]。

千岩万壑路不定，迷花倚石忽已暝。

熊咆龙吟殷[12]岩泉，栗深林兮惊层巅[13]。

云青青兮欲雨，水澹澹[14]兮生烟。

裂缺[15]霹雳，丘峦崩摧。

洞天石扉，訇然[16]中开。

青冥[17]浩荡不见底，日月照耀金银台[18]。

霓为衣兮风为马，云之君[19]兮纷纷而来下。

虎鼓瑟兮鸾回车[20]，仙之人兮列如麻。

忽魂悸以魄动，恍惊起而长嗟。

惟觉时之枕席，失向来[21]之烟霞。

世间行乐亦如此，古来万事东流水。

别君去兮何时还？且放白鹿青崖间[22]，须行即骑访名山。

安能摧眉折腰事[23]权贵，使我不得开心颜！

【注释】

①诗题一作《别东鲁诸公》。天姥(mǔ)：山名，位于今浙江境内。 ②瀛洲：传说中海上三座仙山之一。 ③微茫：隐约。 ④五岳：指东岳泰山、西岳华山、南岳衡山、北岳恒山、中岳嵩山。赤城：山名，位于今浙江天台县北。 ⑤“对此”句：意思是天台山不如天姥山高峻，好像拜倒在天姥山的东南一样。 ⑥镜湖：即鉴湖，位于今浙江绍兴境内。 ⑦剡(shàn)溪：水名，位于今浙江境内。 ⑧谢公：即南朝诗人谢灵运，曾游剡溪，登天姥山。⑨谢公屐：指谢灵运为登山特制的木屐。 ⑩青云梯：仙人登天之梯，此指上山的道路。 ⑪天鸡：郭璞《玄中记》：“东南有桃都山，上有大树，名曰桃都。枝相去三千里，上有一天鸡。日初出照此木，天鸡即鸣，天下鸡皆随之鸣。” ⑫殷：盛大、充满。 ⑬栗：使战栗。层巅：重叠的山峰。 ⑭澹澹：水波荡漾貌。 ⑮裂缺：指闪电。 ⑯訇(hōng)然：大声。 ⑰青冥：青翠幽远。⑱金银台：传说为神仙居住的楼台，用金银装饰。 ⑲云之君：指

驾云的神仙。 ⑳“虎鼓”句：白虎鼓瑟，鸾凤驾车。 ㉑向来：原来。 ㉒白鹿：古乐府《长歌行》：“仙人骑白鹿。” ㉓摧眉：低眉，表示恭顺。折腰：弯腰。事：侍奉。

【赏析】

喻守真《唐诗三百首详析》：此诗是虚写天姥山的佳胜，主旨在“世间行乐亦如此，古来万事东流水”二句。因梦游名胜而悟道，不再折腰事权贵，作此来留别一般世人。

长恨歌①

白居易

汉皇重色思倾国②，御宇多年求不得。
杨家有女初长成，养在深闺人未识③。
天生丽质难自弃，一朝选在君王侧。
回眸一笑百媚生，六宫粉黛无颜色④。
春寒赐浴华清池⑤，温泉水滑洗凝脂。
侍儿扶起娇无力，始是新承恩泽时。
云鬓花颜金步摇⑥，芙蓉帐暖度春宵。
春宵苦短日高起，从此君王不早朝。
承欢侍宴无闲暇，春从春游夜专夜。
后宫佳丽三千人，三千宠爱在一身。
金屋妆成娇侍夜⑦，玉楼宴罢醉和春⑧。
姊妹弟兄皆列土⑨，可怜光彩生门户⑩。
遂令天下父母心，不重生男重生女。
骊宫高处入青云，仙乐风飘处处闻⑪。
缓歌慢舞凝丝竹⑫，尽日君王看不足。
渔阳鼙鼓动地来，惊破霓裳羽衣曲⑬。
九重城阙烟尘生⑭，千乘万骑西南行⑮。

翠华[16]摇摇行复止，西出都门百余里。
六军不发无奈何，宛转蛾眉马前死[17]。
花钿委地无人收，翠翘金雀玉搔头[18]。
君王掩面救不得，回看血泪相和流。
黄埃散漫风萧索，云栈萦纡登剑阁[19]。
峨嵋山[20]下少人行，旌旗无光日色薄。
蜀江水碧蜀山青，圣主朝朝暮暮情。
行宫见月伤心色，夜雨闻铃肠断声[21]。
天旋日转回龙驭[22]，到此踌躇不能去。
马嵬坡下泥土中，不见玉颜空死处[23]。
君臣相顾尽沾衣，东望都门信马归。
归来池苑皆依旧，太液芙蓉未央柳[24]。
芙蓉如面柳如眉，对此如何不泪垂！
春风桃李花开日，秋雨梧桐叶落时。
西宫南内[25]多秋草，宫叶满阶红不扫。
梨园弟子[26]白发新，椒房阿监青娥老[27]。
夕殿萤飞思悄然，孤灯挑尽未成眠。
迟迟钟鼓初长夜，耿耿星河欲曙天。
鸳鸯瓦冷霜华重，翡翠衾寒谁与共！
悠悠生死别经年，魂魄不曾来入梦。
临邛道士鸿都客，能以精诚致魂魄[28]。
为感君王展转思，遂教方士殷勤觅。
排空驭气奔如电，升天入地求之遍。
上穷碧落下黄泉[29]，两处茫茫皆不见。
忽闻海上有仙山[30]，山在虚无缥缈间。
楼阁玲珑五云起，其中绰约多仙子。
中有一人字太真[31]，雪肤花貌参差是。
金阙西厢叩玉扃[32]，转教小玉报双成[33]。

闻道汉家天子使，九华帐[34]里梦魂惊。
揽衣推枕起裴回，珠箔银屏迤逦开[35]。
云鬓半偏新睡觉，花冠不整下堂来。
风吹仙袂飘飖举，犹似霓裳羽衣舞。
玉容寂寞泪阑干，梨花一枝春带雨[36]。
含情凝睇谢君王，一别音容两渺茫。
昭阳殿里恩爱绝[37]，蓬莱宫中日月长。
回头下望人寰处，不见长安见尘雾。
唯将旧物表深情，钿合金钗[38]寄将去。
钗留一股合一扇，钗擘黄金合分钿[39]。
但教心似金钿坚，天上人间会相见。
临别殷勤重寄词，词中有誓两心知。
七月七日长生殿[40]，夜半无人私语时。
在天愿作比翼鸟，在地愿为连理枝。
天长地久有时尽，此恨绵绵无绝期！

【注释】

①唐宪宗元和元年(806)，白居易在盩厔(zhōu zhì)尉上，与友人谈到唐玄宗与杨贵妃的悲剧爱情故事，因而写作此诗。　②汉皇：借指唐玄宗。倾国：倾国之貌。《汉书·外戚传》载李延年歌曰："北方有佳人，遗世而独立。一顾倾人城，再顾倾人国。宁不知倾城与倾国，佳人难再得。"　③"养在"句：此句与史不合，乃用曲笔。杨玉环，其父杨玄琰曾任蜀州司户。她初为寿王李瑁妃，约开元二十八年(740)十月，玄宗令其出家，度为女道士，号太真。后册立为贵妃。　④"六宫"句：宫中女子与杨玉环比较起来，皆黯然失色。六宫：指后妃所居的宫殿。　⑤"春寒"句：天宝六载，玄宗扩建骊山温泉宫，改名华清宫，浴池名华清池。　⑥"云鬓"句：杨贵妃有乌云般的鬓发、美丽的容颜，她头戴金步摇的首饰，显得格外美丽。金步摇：古代贵妇头饰，上有金花，下有垂珠，随人步行而摇，故名。　⑦"金屋"句：据《汉武故事》记载，

汉武帝少时与表妹阿娇感情好，曾说“若得阿娇作妇，当作金屋贮之也”。此处暗指玄宗为了宠爱贵妃而为她大造宅第之事。 ⑧“玉楼”句：杨贵妃陪同玄宗宴饮，酒醉之后，满座春意盎然。醉和春：醉意与春色融合一片。 ⑨“姊妹”句：指杨贵妃的兄弟姐妹皆得到封号。列土：分地受封。 ⑩“可怜”句：杨玉环的家族由于她的得宠而满门生辉，显得无限荣耀。 ⑪“骊宫”“仙乐”二句：唐玄宗与杨贵妃同在骊山华清宫欣赏音乐歌舞，如同仙乐随风飘散人间。 ⑫“缓歌”句：《霓裳羽衣曲》轻歌曼舞，姿态轻柔，各种乐器的演奏和谐一片，使人心神凝聚，如痴如醉。 ⑬“渔阳”“惊破”二句：天宝十四载冬十一月，安禄山在范阳发动叛乱，涉及范阳、卢龙、密云、渔阳等六郡，举国震动，打破了这种歌舞享乐的场面。渔阳：郡治在今河北省蓟县，当时属范阳节度使管辖。鼙(pí)鼓：骑兵用的小鼓。霓裳羽衣曲：本是西域舞曲，原名《婆罗门》，经玄宗润色，改为此名。 ⑭“九重”句：指京都长安受到安禄山叛军战火的威胁。 ⑮“千乘”句：安禄山叛军攻破潼关，玄宗乃命龙武大将军陈元礼整顿六军，自己与杨贵妃姊妹、皇子、妃子、皇孙及亲近宦官等人，出延秋门，欲往蜀中避难。蜀在长安之西南，故曰西南行。 ⑯翠华：天子之旗，以翠羽为装饰，此代指玄宗的御驾。 ⑰“六军”“宛转”二句：陈鸿《长恨歌传》载：“潼关不守，翠华南幸。出咸阳，道次马嵬亭。六军徘徊，持戟不进。从官郎吏伏上马前，请诛晁错以谢天下。(杨)国忠奉牦缨盘水，死于道周。左右之意未快，上问之，当时敢言者，请以贵妃塞天下怒。上知不免，而不忍见其死，反袂掩面，使牵之而去。仓皇展转，竟就死于尺组之下。” ⑱“花钿”“翠翘”二句：杨玉环被杀后，所佩戴的首饰物品，如花钿、翠翘、金雀、玉搔头等，委弃于地，无人收拾。花钿：镶珠宝的金属头饰。翠翘：翡翠鸟尾上长毛曰翘，美人首饰如之，因名。金雀：钗名。玉搔头：玉簪。 ⑲云栈萦纡：指栈道高入云端，萦回曲折。剑阁：即剑门关，入蜀的门户。 ⑳峨嵋(眉)山：泛指蜀中的山川，玄宗幸蜀，并未经过峨眉山。 ㉑“夜雨”句：玄宗行进在入蜀的路上，听着连绵的夜雨与铃声相应，怀念贵妃，为之伤心断肠。 ㉒“天旋”句：至德二载(757)十月，郭子仪收复西京，时局好转，玄宗得以返回长安。龙驭：玄宗的车驾。 ㉓玉颜：指贵妃的容颜。空死处：空见贵妃的死地。 ㉔"太液"句：宫中太液池内的荷花、未央宫中的垂柳，依旧是当年的形象。 ㉕西宫南内：玄宗返京后居住的兴庆宫、太极宫。唐代以兴庆宫为南内、太极宫为西内。 ㉖梨园弟子：玄宗选坐部伎子弟三百人，教习于梨园；又有宫女数百人，习艺于宜春苑北，均称梨园弟子。 ㉗"椒房"句：原来侍奉杨贵妃的那些宫女都老了。椒房：本指皇后的居室。阿监：女官名。青娥：犹言少女。 ㉘"临邛""能以"二句：一位临邛籍的道士客游长安，他能以精诚的意念用法术招致亡者的魂魄。临邛：今四川邛崃县。鸿都：指长安。 ㉙"上穷"句：道士的精神上至极高的天空，下至极深的地底，寻找杨贵妃的魂魄。碧落：指天，道家称东方第一层天碧霞满空，故称"碧落"。黄泉：指地。 ㉚海上有仙山：指东海中的蓬莱仙山。 ㉛太真：杨玉环入道时号太真。 ㉜"金阙"句：指进入蓬莱仙境金碧辉煌的宫阙，敲开了西厢的门。扃(jiōng)：门户。 ㉝"转教"句：指外面的侍女传话给杨玉环的近侍。小玉：唐代侍女的常用名，传说是吴王夫差的女儿，死后成仙。双成：董双成，相传是西王母的侍女。 ㉞九华帐：花饰繁复华美的锦帐。 ㉟"珠箔"句：意思是次第卷起珍珠帘箔，依次摆开银饰屏风，准备迎接客人。迤逦：曲折连绵。 ㊱"玉容""梨花"二句：指杨玉环孤身独处，听到消息后泪水纷纷落下，有如素洁的梨花上沾着春雨一样。阑干：纵横貌。 ㊲"昭阳"句：意谓人间的夫妻恩爱已经了结。昭阳殿：汉代赵飞燕的住处，此代指杨贵妃生前的寝宫。 ㊳钿合金钗：皆当时定情之旧物，钿合是指用金丝和珠宝镶嵌的盒子。 ㊴"钗擘"句：古代钗形皆双股折腰，故分之则成两股。合有底有盖，故分之则成两扇。擘(bāi)：分剖。 ㊵长生殿：唐天宝元年(742)十月，在华清宫内修建长生殿，以祭祀神灵。又一说唐代宫内寝殿皆可称长生殿。

【作者】

白居易(772—846)，字乐天，号香山居士，又号醉吟先生，祖籍太原，到其曾祖父时迁居下邽，生于河南新郑。是唐代伟大的现实主义诗人，唐代三大诗人之一。

【赏析】

喻守真《唐诗三百首详析》：这是一首很长的纪事诗，是咏叹唐玄宗宠幸杨贵妃始末的情事。主旨在开首“重色思倾国”五字，是用以警戒帝王的不可妄思妄动。因为重色就得倾国，倾国就得遗恨。其中叙述安禄山反叛、明皇幸蜀等，又可作诗史读。

琵琶行[1]

白居易

浔阳江头夜送客，枫叶荻花秋瑟瑟[2]。
主人下马客在船，举酒欲饮无管弦。
醉不成欢惨将别，别时茫茫江浸月。
忽闻水上琵琶声，主人忘归客不发。
寻声暗问弹者谁，琵琶声停欲语迟。
移船相近邀相见，添酒回灯[3]重开宴。
千呼万唤始出来，犹抱琵琶半遮面。
转轴拨弦三两声，未成曲调先有情。
弦弦掩抑声声思[4]，似诉平生不得意。
低眉信手续续弹，说尽心中无限事。
轻拢慢捻抹复挑[5]，初为霓裳后六幺[6]。
大弦嘈嘈如急雨，小弦切切如私语。
嘈嘈切切错杂弹，大珠小珠落玉盘。
间关莺语花底滑[7]，幽咽泉流水下滩[8]。
冰泉冷涩弦凝绝，凝绝不通声暂歇。
别有幽愁暗恨生，此时无声胜有声。
银瓶乍破水浆迸，铁骑突出刀枪鸣[9]。
曲终收拨当心画，四弦一声如裂帛[10]。

东船西舫悄无言，唯见江心秋月白。
沉吟放拨插弦中，整顿衣裳起敛容。
自言本是京城女，家在虾蟆陵⑪下住。
十三学得琵琶成，名属教坊第一部⑫。
曲罢曾教善才服⑬，妆成每被秋娘妒⑭。
五陵年少争缠头⑮，一曲红绡不知数。
钿头云篦击节碎，血色罗裙翻酒污⑯。
今年欢笑复明年，秋月春风等闲度⑰。
弟走从军阿姨死，暮去朝来颜色故。
门前冷落鞍马稀，老大嫁作商人妇。
商人重利轻别离，前月浮梁⑱买茶去。
去来江口守空船，绕船月明江水寒。
夜深忽梦少年事，梦啼妆泪红阑干⑲。
我闻琵琶已叹息，又闻此语重唧唧。
同是天涯沦落人，相逢何必曾相识。
我从去年辞帝京，谪居⑳卧病浔阳城。
浔阳地僻无音乐，终岁不闻丝竹声。
住近湓江地低湿，黄芦苦竹绕宅生。
其间旦暮闻何物，杜鹃啼血猿哀鸣。
春江花朝秋月夜，往往取酒还独倾。
岂无山歌与村笛，呕哑嘲哳㉑难为听。
今夜闻君琵琶语，如听仙乐耳暂明。
莫辞更坐弹一曲，为君翻㉒作琵琶行。
感我此言良久立，却坐促弦弦转急。
凄凄不似向前声，满座重闻皆掩泣。
座中泣下谁最多，江州司马青衫㉓湿。

【注释】

①原作《琵琶引》。古代诗歌中的一种体裁，一般篇幅较长，

句式灵活，平仄不拘，用韵富于变化。 ②“浔阳”“枫叶”二句：指秋日江边送客，所见只有枫叶荻花，一片悲凉萧瑟景象。荻：芦苇。 ③添酒回灯：酒已饮尽，重又添酒；灯光准备撤去，重又移回。 ④“弦弦”句：意谓琵琶声掩藏低沉，每一声仿佛都压抑着自己的思绪。 ⑤“轻拢”句：指弹奏琵琶的指法。拢：手指按弦往里推。捻：用手指揉弦。抹：手指顺弦滑动。挑：手指反向回拨。 ⑥霓裳：即《霓裳羽衣曲》。六幺：即《绿腰》。 ⑦“间关”句：琵琶声有如春日黄莺婉转的啼鸣，从花丛底下轻快流过。间关：鸟鸣声。 ⑧“幽咽”句：琵琶声如冰下流动的泉水遇到滞阻，幽咽难通。 ⑨“银瓶”“铁骑”二句：琵琶声在一段无声间歇之后，突然发出激昂高亢的声音，仿佛银瓶破碎、水浆溅出，又好像埋伏的铁骑出现，刀枪齐鸣。 ⑩“四弦”句：演奏结束时，四条弦一起发出响亮的合音，像是撕碎了绸子一样清脆。 ⑪虾(há)蟆陵：位于长安城东南，曲江附近，是当时有名的游乐地区。 ⑫“名属”句：列名官方的音乐机构，属于第一部。唐代在京都置左右教坊，掌俳优杂伎，教练歌舞。 ⑬“曲罢”句：弹奏曲罢，曾使教曲的乐师叹赏。 ⑭“妆成”句：青春美貌为同伴所嫉妒。秋娘：唐代歌舞伎的通名。 ⑮“五陵”句：京城贵族少年争着向自己献上酬礼。缠头：指赠送给歌舞伎的锦缎之类。 ⑯“钿头”“血色”二句：指当年的豪奢生活，用装饰着花钿的金钗打拍子，金钗破碎了；穿着鲜红的罗裙，也被酒迹弄脏了。云篦：一种首饰，指云形的钗，一作“银篦”。 ⑰“秋月”句：年复一年，岁月就在这种生活中不经意地流逝了。等闲度：随便打发掉了。 ⑱浮梁：唐代饶州有浮梁县，有著名的茶市，今隶属江西景德镇。 ⑲“梦啼”句：梦中啼哭，泪水与胭脂混合在一起，满脸都是。阑干：纵横貌。 ⑳谪居：指被贬江州司马一事。 ㉑呕哑嘲哳：声音嘈杂细碎。 ㉒翻：按曲调写歌词。 ㉓青衫：唐代官员服色有严格规定，据《旧唐书·舆服志》，上元元年八月，又制文武三品以上服紫，四品服深绯，五品服浅绯，六品服深绿，七品服浅绿，八品服深青，九品服浅青。白居易被贬以将仕郎(从九品下)，属于文散官，故着青衫。

【赏析】

喻守真《唐诗三百首详析》：此诗虽是咏的商妇琵琶，写琵琶的声调，写商妇的身世，而着眼在“同是天涯沦落人”句。所谓“感斯人言，是夕始觉有迁谪意”，就是本诗的大意。

第二编　宋词

第二卷

雨　霖　铃[1]

柳永

寒蝉凄切，对长亭晚，骤雨初歇。都门帐饮[2]无绪，留恋处、兰舟[3]催发。执手相看泪眼，竟无语凝噎[4]。念去去[5]、千里烟波，暮霭沉沉楚天阔。

多情自古伤离别，更那堪、冷落清秋节！今宵酒醒何处？杨柳岸、晓风残月。此去经年[6]，应是良辰好景虚设。便纵有、千种风情[7]，更与何人说？

【注释】

①选自《宋词三百首》(长江文艺出版社 2015 年版)，本书第二编宋词除《青玉案·元夕》外皆出自此版本，后不一一指出。　②都门：京都城门。帐饮：设帐摆酒以送别。　③兰舟：即木兰舟，以香木木兰树造船。后引作船之美称。　④凝噎：喉咙哽咽说不出话。　⑤去去：去了又去，即远行。　⑥经年：历时一年甚至更久。　⑦风情：男女间的爱恋深情。

【作者】

柳永，原名三变，字耆卿，福建崇安人。为举子时，多游侠邪，流连坊曲，为乐工伎女撰作歌辞，屡举不第。后于宋仁宗景祐元年(1034)考取进士。官至屯田员外郎。世称柳七、柳屯田。他一生在仕途上抑郁不得志，独以词著称于世。叶梦得《避暑录话》卷下谓“尝见一西夏归朝官云：‘凡有井水饮处，即能歌柳词’”。作者精通音律，善于铺叙和使用俚俗语言，大量制作慢词，对词的发展起了推动作用。他用词来反映中下层市民生活和自己的身世穷愁之感，具有一定的社会意义。但是其词作也有不少表现颓废思想、迎合市民低级趣味，以及宣扬统治阶级功德、粉饰太平的作品。

【赏析】

作者科举不利，又久困选调，故长期漂泊，深谙别愁，尤其善写秋日的情景。

词上片以景起，先写别境的凄凉，继写别时的无奈，后写别意之无尽。

下片以情起，继续就别情生发，由别前、别时延伸到别后，而写别后之事又是由近及远，将离愁别恨集中到最高程度。

全词情景相间，虚实相生，或点或染；既宛转曲折，又一泻千里，具有极强的艺术感染力。

八声甘州

柳永

对潇潇[①]暮雨洒江天，一番洗清秋。渐霜风凄紧，关河冷落，残照当楼。是处红衰翠减，苒苒[②]物华休。惟有长江水，无语东流。

不忍登高临远，望故乡渺邈[③]，归思[④]难收。叹年来踪迹，何事苦淹留[⑤]。想佳人、妆楼颙望[⑥]，误几回、天际识归舟。争知[⑦]我、倚阑干处，正恁[⑧]凝愁。

【注释】

①潇潇：风雨急骤貌。 ②苒苒：渐渐地。 ③渺邈：久远。 ④归思：思归的心绪。 ⑤淹留：逗留。 ⑥颙(yóng)望：凝望。 ⑦争知：怎知。 ⑧恁(nèn)：那么，这样。

【赏析】

本词为柳永抒写羁旅之愁的名作。上片写景，描绘了一幅肃杀、冷落、凄凉的秋田晚景图。下片抒情，集中写乡思。由“望”到“思”，由“思”到“想”，直逼出一个“愁”字，作为全词词眼。

定 风 波

苏轼

三月七日[①]，沙湖道中遇雨。雨具先去，同行皆狼狈，余独不觉。已而遂晴，故作此。

莫听穿林打叶声，何妨吟啸且徐行。竹杖芒鞋②轻胜马，谁怕？一蓑③烟雨任平生。

料峭④春风吹酒醒，微冷，山头斜照却相迎。回首向来萧瑟⑤处，归去，也无风雨也无晴。

【注释】

①三月七日：元丰五年(1082)的三月七日。此时苏轼已来黄州三年。 ②芒鞋：草鞋。 ③蓑(suō)：蓑衣，用棕制成的雨披。 ④料峭：微寒的样子。 ⑤萧瑟：拟声词，风雨吹打树叶的声音。

【作者】

苏轼(1037—1101)，字子瞻，号东坡居士，四川眉山人。其作品风格豪迈，个性鲜明，意趣横生。由于他屡遭贬斥，作品往往出流露达观放任、忘情得失的思想。

【赏析】

此词是作者被贬黄州时所写，通过途中遇雨时作者泰然自若、在风雨中吟啸徐行的表现，体现词人不为忧患所扰的豁达胸襟。

江城子·乙卯正月十二日记梦①

苏轼

十年生死两茫茫。不思量，自难忘。千里孤坟，无处话凄凉。纵使相逢应不识，尘满面，鬓如霜。

夜来幽梦忽还乡。小轩窗，正梳妆。相顾无言，唯有泪千行。料得年年肠断处，明月夜，短松冈。

【注释】

①乙卯：宋神宗熙宁八年，即1075年。梦：梦见前妻王弗。

【赏析】

这是一首著名的悼亡词。全词记梦，可分为梦前、梦中、梦后三个层次。上片是梦前，写对亡妻的思念。下片转入梦中，“料得”以下写梦后。全词感情真挚深沉、哀痛缠绵。

念奴娇·赤壁怀古

苏轼

大江东去，浪淘尽、千古风流人物。故垒西边，人道是、三国周郎①赤壁。乱石崩云，惊涛裂岸②，卷起千堆雪。江山如画，一时多少豪杰！

遥想公瑾当年，小乔初嫁了，雄姿英发。羽扇纶巾③，谈笑间、樯橹灰飞烟灭。故国神游④，多情应笑我、早生华发。人间如梦，一樽还酹⑤江月。

【注释】

①周郎：三国时东吴军事统帅周瑜，字公瑾。小乔是其妻子。 ②有版本为“乱石穿空，惊涛拍岸”。 ③羽扇纶(guān)巾：形容儒雅从容，举止潇洒。 ④故国：故乡。神游：神交，以精神相交往的挚友。 ⑤酹(lèi)：以酒洒地或水中，以示祭奠。

【赏析】

这首词写于苏轼谪居黄州期间，是苏轼豪放词的代表作，词题为“赤壁怀古”，乃是借题发挥，借宾定主，抒发自己壮志难酬的悲壮胸怀。

上片由广阔时空起笔，然后切取史事，勾勒出古战场壮丽景象，引出一代英杰周瑜。下片着重刻画周郎，运用正面叙写、侧面衬托等方式，有力地表现出他青春得志的精神风貌，并与自己年过不惑事业无成的境况形成鲜明对照。全篇气象雄奇，格调雄浑，情感悲壮。

水龙吟·次韵章质夫《杨花词》①

苏轼

似花还似非花，也无人惜从教②坠。抛家傍路，思量却是、无情有思。萦损柔肠，困酣娇眼，欲开还闭。梦随风万里、寻郎去处，又还被、莺呼起。

不恨此花飞尽，恨西园、落红难缀。晓来雨过，遗踪何在？一池萍碎。春色三分，二分尘土，一分流水。细看来、不是杨花，点点是，离人泪。

【注释】

①次韵：用他人诗词作品的原调原韵以相唱和。章质夫，即章楶(jié)，曾任荆湖北路提点刑狱。苏轼谪居黄州，与他有书信往来。　②从教：听凭。

【赏析】

这是一首咏物词。作者将杨花比作一个命运坎坷而又痴情的女子，写她绵绵的相思。因杨花"似花还似非花"，于是"无人惜"，随风飘坠。用拟人手法咏物，似花，似人，浑然一体。

本篇也是苏词中婉约之作的代表。无论是代思妇言情，还是借之以自喻，都极具婉约之致。

青　玉　案

贺铸

凌波①不过横塘路，但目送、芳尘去。锦瑟年华②谁与度？月桥花院，琐窗③朱户，只有春知处。

碧云冉冉蘅皋暮④。彩笔新题断肠句。试问闲愁都几许⑤？一川烟草，满城风絮，梅子黄时雨！

【注释】

①凌波：形容女子的轻盈步态。 ②锦瑟年华：美好的年华。李商隐《锦瑟》："锦瑟无端五十弦，一弦一柱思华年。" ③琐窗：雕花的窗。 ④冉冉：流动的样子。蘅皋：长满香草的湿地。蘅：杜蘅，香草。 ⑤都几许：总共有多少。

【作者】

贺铸(1052—1125)，字方回，原籍山阴，出生于卫州。其为人豪侠尚气，不屈权贵，郁郁不得志。

【赏析】

词的上片写偶然遇见美人，却不能靠近，只能目送，徒增满腹遗憾。

下片写"闲愁"。"试问"一呼，三个比喻作答，将愁之大、愁之乱、愁之绵长表现得具体、生动。

满江红·写怀

岳飞

怒发冲冠，凭栏处、潇潇雨歇。抬望眼、仰天长啸，壮怀激烈。三十功名尘与土，八千里路云和月。莫等闲[①]、白了少年头，空悲切。

靖康耻[②]，犹未雪。臣子恨[③]，何时灭？驾长车踏破、贺兰山缺。壮志饥餐胡虏肉，笑谈渴饮匈奴血。待从头、收拾旧山河，朝天阙[④]。

【注释】

①等闲：轻易，随便。 ②靖康耻：指钦宗靖康二年(1127)京师和中原沦落，徽钦二帝被掳往金国的奇耻大辱。 ③臣子恨：1141年，宋金议和告成，和约规定：南宋皇帝向金称臣。 ④天阙：指朝廷或京都。

【作者】

岳飞(1103—1142)，字鹏举，相州汤阴(今河南安阳汤阴县)

人，南宋抗金名将，官至枢密副使。宋高宗绍兴十二年（1142）被奸臣秦桧以莫须有罪名杀害。宋孝宗时平反，追谥武穆。宋理宗时封鄂王，改谥忠武。有《岳忠武文集》十卷，《全宋词》收其词3首。

【赏析】

此词作于主和派猖獗、北伐受阻之时。上片主要抒发对现实的感慨。起首数语，写人物神态、举止，勾勒出热血英雄形象。“三十功名”二句，既概括了自己艰苦卓绝的抗金历程，又表现出对能否完成大业的忧虑。“莫等闲”三句，则直言率语，既是大声疾呼，又是自我砥砺，表现出对振兴民族的高度使命感、紧迫感。

下片抒发完成中兴大业的豪情壮志。作者始终不忘民族的耻辱，并以此为动力，浴血奋战，恢复中原。饥餐、笑谈以及收拾等语，充满必胜的信念，犹如进军的号角，极具鼓舞力。

全篇直抒胸臆，情辞慷慨，充分表现了岳飞“精忠报国”的英雄之志，后世爱国志士，莫不受其鼓舞。

声　声　慢

李清照

寻寻觅觅。冷冷清清，凄凄惨惨戚戚。乍暖还寒时候，最难将息[①]。三杯两盏淡酒，怎敌他、晚来风急？雁过也，正伤心，却是旧时相识。

满地黄花堆积。憔悴损，如今有谁堪摘？守着窗儿，独自怎生得黑？梧桐更兼细雨，到黄昏、点点滴滴。这次第[②]，怎一个、愁字了得？

【注释】

①将息：休息，调养。　②次第：一个挨一个。

【作者】

李清照（1084—约1155），号易安居士，济南人。早年生活优裕，作品韵律优美，多写闺情相思之美。南渡后，其作品风格突变，故土之思、家国之感、身世之慨，一并流注笔端。

【赏析】

这是李清照南渡以后写的名篇，通篇抒发悲愁。故土之思、个人遭遇与亡国之痛交织在一起，语浅意深，遣词造句都有创意。

桂枝香

王安石

登临送目。正故国[①]晚秋，天气初肃。千里澄江似练，翠峰如簇。征帆去棹残阳里，背西风、酒旗斜矗。彩舟云淡，星河鹭起，画图难足。

念往昔，繁华竞逐。叹门外楼头，悲恨相续。千古凭高对此，漫嗟荣辱。六朝旧事随流水，但寒烟、衰草凝绿。至今商女[②]，时时犹唱、后庭遗曲。

【注释】

①故国：故都，指六朝旧都建业(今南京)。 ②商女：歌女。杜牧《泊秦淮》："商女不知亡国恨，隔江犹唱后庭花。"

【作者】

王安石(1021—1086)，字介甫，号半山，临川人。

【赏析】

该词上片写景，气象宏阔；下片怀古，反映作者对历史兴亡规律的认识，化用前人诗句自然无痕。

青玉案·元夕[①]

辛弃疾

东风夜放花千树[②]。更吹落、星如雨[③]。宝马雕车香

满路。凤箫声动，玉壶[4]光转，一夜鱼龙舞[5]。

蛾儿雪柳黄金缕[6]。笑语盈盈暗香去。众里寻他千百度。蓦然回首[7]，那人却在，灯火阑珊处[8]。

【注释】

①选自《宋词三百首鉴赏辞典》(崇文书局2015年版)。元夕：元宵，即上元之夕。上元是指农历正月十五。　②东风夜放花千树：语本岑参《白雪歌送武判官归京》："忽如一夜春风来，千树万树梨花开。"　③星如雨：比喻灯火之多。　④玉壶：喻月亮。也指玉制的灯。　⑤鱼龙：鱼形、龙形的灯。　⑥蛾儿、雪柳、黄金缕：均是女子饰品。　⑦蓦然：忽然，猛地。　⑧阑珊：稀疏，零落。

【作者】

辛弃疾(1140—1207)，字幼安，号稼轩，济南历城人。今存词620余首，多抒发爱国情思。其词豪健雄浑，沉郁顿挫，笔力纵横。

【赏析】

全词写元夕之景，而上片着重写花灯，下片着重写看灯的人。写灯景时，多用夸张、比喻的手法，将市上夜间之景写得绚丽多彩。

下片写观灯之人，使元夕灯景显得生机勃勃。但是，词人却在这热闹场景中着力表现一位在灯火阑珊处的佳人，这一佳人形象是词人才能不得施展，却又不愿与世俗同流合污的人生观的寄托。

第三编　元曲

第三卷　大吕

碧玉箫(其二)[1]

关汉卿

膝上琴横，哀愁动离情，指下风生，潇洒弄清声。锁窗前月色明，雕阑[2]外夜气清。指法轻，助起骚人[3]兴。听，玉漏断[4]，人初静。

【注释】

①选自《元曲三百首》长江文艺出版社 2015 年版，本书第三编元曲皆出自此版本，后不一一指出。 ②锁窗：雕有花纹的窗户。雕阑：刻有花纹的栏杆。 ③骚人：指诗人。 ④玉漏：古时计时用的仪器。玉漏断：漏尽，指夜已深。

【作者】

关汉卿，号已斋，又作一斋，大都人。元代重要的杂剧作家，被尊为“元曲四大家”之首。他一生共创作杂剧 67 种，现存 18 种，大多是经典之作。

【赏析】

这首小令写的是月下听琴。月下听琴本是一件美妙的事情，但悲哀的琴声却引发了离愁别绪。

凭阑人·寄征衣[1]

姚燧

欲寄君衣君不还，不寄君衣君又寒。寄与不寄间，妾身[2]千万难！

【注释】

①征衣：这里指游子在外穿的衣服。 ②妾身：古时妻子的自称。

【作者】

姚燧(1238—1313)，字端甫，号牧庵，河南洛阳人。

【赏析】

这首小令描写妻子想寄御寒衣物给在外的丈夫却又犹豫不决的矛盾心态。这首小令直接以思妇的角度，围绕寄征衣这件看似寻常却饱含着深情的小事，刻画思妇的心理感受。

天净沙·秋

白朴

孤村落日残霞，轻烟老树寒鸦。一点飞鸿影下。青山绿水，白草红叶黄花。

【作者】

白朴(1226—1306)，字太素，号兰谷。与关汉卿、马致远、郑光祖并称“元曲四大家”。其杂剧与散曲均清丽婉约，为人称道。

【赏析】

这首小令写了十二种意象：孤村、落日、残霞、轻烟、老树、寒鸦、飞鸿、青山、绿水、白草、红叶、黄花。这十二种意象共同构成一幅秋景图，但又一反悲秋的俗套，借冷暖色调的强烈对比描绘明媚秋景，独具特色。

蟾宫曲·叹世

马致远

咸阳百二①山河，两字功名，几阵干戈，项废东吴，刘兴西蜀，梦说南柯②。韩信功兀的般证果，蒯通言③那里是风魔？成也萧何，败也萧何④，醉了由他。

【注释】

①百二：以二敌百。喻山河险固的地方。 ②梦说南柯：出自

唐人李公佐小说《南柯太守传》。淳于生昼梦入大槐安国，被招为驸马，在南柯郡做二十年的太守，享尽荣华，醒来才知道是南柯一梦。梦中所谓的大槐安国，原来只是宅南槐树下的蚁穴。　③“蒯(kuǎi)通言”句：指蒯通游说韩信自立为王，没被采纳，为避牵连，只能装疯，后韩信果如蒯所言被吕后所杀。　④“成也萧何”二句：韩信因萧何的推荐被刘邦重用，后萧何向吕后献计，骗韩信入宫诛杀了他。所以称“成也萧何、败也萧何”。

【作者】

马致远，号东篱，大都(今北京市)人，元代著名文学家，“元曲四大家”之一，杂剧和散曲皆负盛名。

【赏析】

这首曲子借秦汉时期著名的历史人物和事件，表达了世事变化无常、功名如梦的悲凉之感。

蟾宫曲·梦中作

郑光祖

半窗幽梦微茫，歌罢钱塘[①]，赋罢高唐[②]。风入罗帏，爽入疏棂[③]，月照纱窗。缥缈见梨花淡妆，依稀闻兰麝[④]余香。唤起思量，待不思量，怎不思量！

【注释】

①歌罢钱塘：用南齐钱塘名妓苏小小典。此处指从歌舞繁华之地回来。　②高唐：战国时楚国台馆名。　③棂：窗格。　④兰麝：名贵的香料。

【作者】

郑光祖，“元曲四大家”之一，生卒年不详。

【赏析】

全曲围绕着“梦”字，用与梦有关的典故，布如梦一样飘忽迷离的场景，写如梦一样可望而不可即的女子，表达刻骨的相思与惆怅之情。

山坡羊·道情

宋方壶

青山相待，白云相爱，梦不到紫罗袍共黄金带[1]。一茅斋，野花开。管甚谁家兴废谁成败。陋巷箪[2]瓢亦乐哉！贫，气不改。达，志不改。

【注释】

①紫罗袍、黄金带：官员身上的官服和腰带，元曲中多用来指代官员和官场。 ②箪：古代盛饭用的圆形竹器。

【作者】

宋方壶，生卒年不详，名子正，元末华亭(今上海市)人。

【赏析】

本曲通过描写作者隐居的环境和襟怀，表现了一种浩然正气。

折桂令·西湖感旧

汤式

问西湖昔日如何？朝也笙歌，暮也笙歌[1]。问西湖今日如何？朝也干戈，暮也干戈。昔日也，二十里沽酒楼，春风绮罗；今日个，两三个打鱼船，落日沧波。光景蹉跎，人物消磨[2]。昔日西湖，今日南柯[3]。

【注释】

①"朝也笙歌"二句：指每天都在演奏音乐，极力渲染西湖的繁华。笙：管乐器。 ②人物消磨：人们意志消沉。 ③南柯：典出李公佐《南柯太守传》。

【作者】

汤式，字舜民，号菊庄，浙江象山人，元末明初重要的散曲作家。

【赏析】

这首小令是一首追古感怀之曲，将西湖昔盛而今衰进行对比，控诉战乱对美好生活的摧毁。全曲语言朴实，纯用白描，情调低沉婉转，有如挽歌。

醉太平·寒食①

王元鼎

声声啼乳鸦②，生叫破韶华③。夜深微雨润堤沙，香风万家。画楼洗净鸳鸯瓦④，彩绳半湿秋千架。觉来红日上窗纱，听街头卖杏花。

【注释】

①寒食：清明节前一日为寒食节，为纪念介子推而禁火三日。②乳鸦：雏鸦。③生：硬是。韶华：美好时光，指春光。④鸳鸯瓦：成对的瓦。

【作者】

王元鼎，字里，生卒年不详，曾官至翰林学士。

【赏析】

《寒食》乃组曲，共四首，此为第二首，写春日晨景，表达对于春天的喜悦之情。此曲融情于景，所写之景生机盎然；化用前人诗句，具清新典雅之态。

第四编　诗经

第四部分

桃　　夭[1]

桃之夭夭[2]，灼灼其华[3]。之子于归[4]，宜其室家[5]。
桃之夭夭，有蕡其实[6]。之子于归，宜其家室。
桃之夭夭，其叶蓁蓁[7]。之子于归，宜其家人。

【注释】

①选自《学友文库·诗经·楚辞》(长江文艺出版社 1996 年版)，本书第四编《诗经》原文皆出自此版本，后不一一指出。 ②夭夭(yāo)：形容草木茂盛。 ③灼灼(zhuó)：鲜红如火。华：同“花”。 ④之子：这个女子。于归：古代女子出嫁曰归。 ⑤宜：合适。室家及后文的家室、家人均指配偶。一说家指一门之内。 ⑥蕡(fén)：草木果实繁盛貌。 ⑦蓁蓁(zhēn)：草木繁盛的样子。

【赏析】

《诗经》是我国古代最早的一部诗歌总集，分为《风》《雅》《颂》三个部分。《风》属于地方性乐歌，大部分是民歌，多为男女恋情之作。《雅》是西周王朝直辖地区的乐歌，分《大雅》和《小雅》，以史诗性的叙事诗为主。《颂》是宗庙祭祀的舞曲歌辞。

《桃夭》是贺女子出嫁的诗歌，以鲜红的桃花、硕大的桃实、青葱的桃叶比喻婚姻的美满。

相　　鼠

相鼠有皮，人而无仪[1]。人而无仪，不死何为？
相鼠有齿，人而无止[2]。人而无止，不死何俟[3]？
相鼠有体，人而无礼[4]。人而无礼，胡不遄死[5]？

【注释】

①仪：威仪。 ②止：假借为“耻”。 ③俟(sì)：等待。

④礼：礼仪。 ⑤胡：为什么。遄(chuán)：赶快。

【赏析】

重视礼仪是中华民族的传统。《相鼠》讽刺无仪、无耻、无礼的人，语言尖锐，感情强烈。

木　瓜

投我以木瓜，报之以琼琚[①]。匪报也，永以为好[②]也。

投我以木桃，报之以琼瑶。匪报也，永以为好也。

投我以木李，报之以琼玖。匪报也，永以为好也。

【注释】

①琼：赤玉。又是美玉的通称。琚：佩玉名。后文的“琼瑶”“琼玖”都是泛指佩玉。 ②好：爱。

【赏析】

这是一首男女赠答的情歌，后世运用得相当广泛。朋友之间、君臣之间、国与国之间都运用过这首诗中的名句。

黍　离

彼黍离离[①]，彼稷[②]之苗。行迈靡靡[③]，中心摇摇[④]。知我者谓我心忧，不知我者谓我何求，悠悠苍天，此何人哉[⑤]！

彼黍离离，彼稷之穗。行迈靡靡，中心如醉。知我者谓我心忧，不知我者谓我何求。悠悠苍天，此何人哉！

彼黍离离，彼稷之实。行迈靡靡，中心如噎[⑥]。知我者谓我心忧，不知我者谓我何求。悠悠苍天，此何人哉！

【注释】

①离离：整齐排列的样子。 ②黍、稷：古代的粮食作物。

③靡靡：脚步缓慢的样子。 ④摇摇：心神不定。 ⑤此何人哉：使宗庙丘墟至此，这是何人所为？ ⑥噎：咽喉哽塞。

【赏析】

这是一首有感于家国兴亡的诗歌。写的是一位周朝的大夫路过旧时的宗庙宫室，看到满目衰败景象时内心的悲怆。

采　葛

彼采葛兮[①]。一日不见，如三月兮[②]！
彼采萧兮。一日不见，如三秋兮！
彼采艾兮。一日不见，如三岁兮！

【注释】

①葛及下文的萧、艾：植物名。 ②三月：形容时间漫长。下文“三秋”“三年”与此同。

【赏析】

这首诗写相思，诗人想象他所爱慕的女子正在采葛采萧采艾，通过对时间感觉的夸张变形表现了度日如年的相思之苦。

伐　檀

坎坎[①]伐檀兮，寘之河之干[②]兮，河水清且涟[③]猗。不稼不穑[④]，胡取禾三百廛兮[⑤]？不狩[⑥]不猎，胡瞻尔庭有县貆[⑦]兮？彼君子兮不素餐[⑧]兮！

坎坎伐辐兮[⑨]，寘之河之侧兮，河水清且直[⑩]猗。不稼不穑，胡取禾三百亿[⑪]兮？不狩不猎，胡瞻尔庭有县特[⑫]兮？彼君子兮，不素食兮！

坎坎伐轮兮，寘之河之漘[⑬]兮，河水清且沦[⑭]猗。不稼不穑，胡取禾三百囷[⑮]兮？不狩不猎，胡瞻尔庭有县鹑兮⑯？彼君子兮，不素飧兮⑰！

【注释】

①坎坎：伐木声。②寘：同“置”。干：河岸。③涟(lián)：水的波纹。④稼：种植庄稼。穑(sè)：收获庄稼。⑤胡：为什么。三百：形容很多。廛：同“缠”，捆，束。⑥狩(shòu)：冬猎。⑦貆(huán)：幼小的貉。⑧素餐：白吃饭。⑨辐(fú)：车轮的轴心和外轮之间的直条。这句是说伐檀用来作车辐。下章伐轮是说伐檀用来作车轮。⑩直：指河水平直。⑪亿：同“繶”，用丝线编织成的带子，这里是捆、束的意思。⑫特：三岁或四岁的兽，大兽。⑬漘(chún)：水边。⑭沦：水纹。⑮囷：同“稛”(kǔn)。义同“缠”“亿”。⑯鹑(chún)：鹌鹑。⑰飧(sūn)：熟食。

【赏析】

哪里有剥削哪里就有反抗，自古而然。这是两千多年前伐木工人唱出的歌。它充满了对于剥削阶级不劳而获的怨恨和反抗，富有勇敢的战斗精神。

硕　　鼠

硕①鼠硕鼠，无食我黍。三岁贯女②，莫我肯顾③。逝④将去女，适⑤彼乐土。乐土乐土，爰得我所⑥！

硕鼠硕鼠，无食我麦。三岁贯女，莫我肯德⑦。逝将去女，适彼乐国。乐国乐国，爰得我直⑧！

硕鼠硕鼠，无食我苗。三岁贯女，莫我肯劳⑨。逝将去女，适彼乐郊。乐郊乐郊，谁之⑩永号！

【注释】

①硕：大。②三岁：多年。贯：伺候。女：同“汝”，你。③莫我肯顾：即“莫肯顾我”。④逝，发誓。⑤适：去。⑥爰(yuán)：于是。所：处所。⑦德：恩德。⑧直：同“值”。

价值，报酬。　⑨劳：慰劳。　⑩之：表诘问语气。谁之：还有谁。永号：长叹。

【赏析】

本诗倾诉了对统治者残酷剥削的无比愤恨，出自农夫之口。它用极大的热情讴歌了理想的乐土，充分表现了古代人民对摆脱剥削的渴望和对美好幸福生活的憧憬。

无　衣

岂曰无衣？与子同袍①。王于兴师②，修我戈矛，与子同仇③。

岂曰无衣？与子同泽④。王于兴师，修我矛戟，与子偕作⑤。

岂曰无衣？与子同裳。王于兴师，修我甲兵，与子偕行⑥。

【注释】

①袍：长袍。行军者白天当衣穿，晚上当被盖。　②于：语气词。兴师：起兵。　③与子同仇：我们有共同的仇敌。　④泽：通"襗"，汗衣。　⑤偕作：一起行动。　⑥甲：铠甲。兵：武器。偕行：一起前往。

【赏析】

这首诗是以兵士对话的口吻，表现出战士的团结友爱和旺盛斗志，反映了古代人民的爱国主义精神。

采　薇

采薇采薇①，薇亦作止②。曰归曰归，岁亦莫③止。靡室靡家[④]，猃狁之故[⑤]。不遑启居[⑥]，猃狁之故。

采薇采薇，薇亦柔[⑦]止。曰归曰归，心亦忧止。忧心烈烈[⑧]，载饥载渴[⑨]。我戍未定[⑩]，靡使归聘[⑪]。

采薇采薇，薇亦刚[⑫]止。曰归曰归，岁亦阳[⑬]止。王事靡盬[⑭]，不遑启处[⑮]。忧心孔疚[⑯]，我行不来[⑰]。

彼尔[⑱]维何？维常之华[⑲]。彼路斯何[⑳]？君子之车。戎车[㉑]既驾，四牡业业[㉒]。岂敢定居，一月三捷[㉓]。

驾彼四牡，四牡骙骙[㉔]。君子所依[㉕]，小人所腓[㉖]。四牡翼翼[㉗]，象弭鱼服[㉘]。岂不日戒[㉙]，猃狁孔棘[㉚]。

昔我往矣，杨柳依依。今我来思[㉛]，雨雪霏霏[㉜]。行道迟迟，载渴载饥。我心伤悲，莫知我哀！

【注释】

①薇：山菜名。 ②亦：助词，含有“又”的意思。作：冒出地面。止：语气词。 ③莫：通“暮”，年末。 ④靡：没有。室、家：家庭。 ⑤猃狁：种族名。 ⑥遑：空闲。启居：启是伸直腰跪；居是坐。这句是说生活不安定。 ⑦柔：柔嫩。 ⑧烈烈：形容忧心的样子。 ⑨载：又。 ⑩定：安定。 ⑪使：使者。聘：询问。 ⑫刚：坚硬。 ⑬阳：农历十月。 ⑭王事：征役。盬(gǔ)：停止。 ⑮启处：同“启居”。 ⑯疚：内心痛苦。 ⑰来：归家。 ⑱尔：花开得繁盛的样子。 ⑲常：植物名。华：花。 ⑳路：通“辂(lù)”，古代一种大车。斯：语气助词，无意义。 ㉑戎车：战车。 ㉒业业：高大貌。 ㉓三捷：多次取胜。 ㉔骙骙(kuí)：马健壮。 ㉕君子：指将帅。依：靠车站着。 ㉖小人：士兵自称。腓(féi)：庇荫。 ㉗翼翼：整齐。 ㉘象弭(mǐ)：用象牙装饰的弓。鱼服：用鱼皮做的箭袋。 ㉙日戒：每日戒备。 ㉚棘：急。形容敌人来势很迅猛。 ㉛思：句末语气词。 ㉜雨雪：下雪。霏：形容雪下得很大。

【赏析】

这是戍边兵士的诗。它既反映了西周时期连年征战给人民所造成的苦难，也抒发了将士们为国戍边的热情和他们对家园的思念。

鸿　　雁

鸿雁于飞，肃肃[①]其羽。之子于征[②]，劬劳于野[③]。爰及矜人[④]，哀此鳏寡[⑤]。

鸿雁于飞，集于中泽[⑥]。之子于垣[⑦]，百堵[⑧]皆作。虽则劬劳，其究安宅[⑨]。

鸿雁于飞，哀鸣嗷嗷[⑩]。维此哲人[⑪]，谓我劬劳。维彼愚人，谓我宣骄[⑫]。

【注释】

①肃肃：鸟拍打翅膀之声。　②于征：去远行。　③劬(qú)劳：辛苦劳累。　④爰：发语词。矜人：穷苦人。　⑤哀：同情。鳏：老而无妻者。寡：寡妇。这里代指无家可归的难民。　⑥集：停息。中泽：草泽中。　⑦于垣(yuán)：往筑墙。　⑧百堵：许多墙。　⑨究：穷困的人。安宅：安住之所。　⑩嗷嗷：哀鸣声。　⑪哲人：明理的人。　⑫宣骄：骄奢。

【赏析】

这是称颂周宣王派遣使臣救济难民的诗。周厉王的时候，万民离散，居无定所。宣王中兴，派使臣四处招抚难民，叫他们回到故土，各得其所。后世以“哀鸿”一词作为“流民”的代称，便是从这首诗里来的。

风　　雨

风雨凄凄[①]，鸡鸣喈喈[②]。既见君子，云胡不夷[③]！
风雨潇潇[④]，鸡鸣胶胶。既见君子，云胡不瘳[⑤]！

风雨如晦[6]，鸡鸣不已[7]。既见君子，云胡不喜！

【注释】

①凄凄：形容寒冷。 ②喈喈(jiē)：鸡鸣声。 ③云：发语词。胡：疑问代词。夷：平坦。 ④潇潇：风雨急骤的样子。 ⑤瘳(chōu)：病愈。 ⑥如晦：昏暗如夜。 ⑦不已：不停。鸡鸣不已指天快亮。

【赏析】

这是写约会的诗。一位女子与爱人相约晚间相会，可是到了晚上暴风骤雨，盼到鸡叫一遍二遍，风雨不但不止，而且越来越猛。就在风雨如晦天将发亮，女子烦恼惆怅至极的时刻，她盼望的"君子"突然出现在她的眼前，这哪能不让人惊喜万分呢？

击　鼓

击鼓其镗[1]，踊跃用兵[2]。土国城漕[3]，我独南行[4]。

从孙子仲[5]，平陈与宋[6]。不我以归[7]，忧心有忡。

爰居爰处[8]，爰丧[9]其马。于以求之，于林之下。

"死生契阔"[10]，与子成说[11]。执子之手，与子偕老。

于嗟阔兮[12]，不我活兮[13]。于嗟洵兮[14]，不我信兮[15]。

【注释】

①镗(tāng)：钟鼓声。 ②踊跃：向上和向前跳跃。兵：兵器。 ③土国：在国都兴建土木。城漕：在漕邑筑城。 ④南行：指出兵前往陈宋。 ⑤孙子仲：当时卫国领兵南征的统帅。 ⑥这句是说平定两国纷争。 ⑦以：通"与"。这句是说不许我回去。 ⑧爰(yuán)：在哪里。居、处：住下。 ⑨丧：丢失。 ⑩契：合。阔：疏远。契阔：离合。 ⑪子：你。成说：达成约定。 ⑫阔：远。 ⑬活：通"佸"，相会。 ⑭洵(xún)：一作"敻"，久远。 ⑮信：守信。

【赏析】

这是卫国远戍陈宋的兵士嗟怨想家的诗。此诗写的是实事，当时留守陈宋的军士处境异常艰难，情绪悲观，在悲痛之中想到新婚时与妻子执手相约的幸福时刻，更是肝肠寸断。

第五编　神话寓言

第五[illegible]

夸父逐日

夸父与日逐走，入日。渴欲得饮，饮于河、渭[1]，河、渭不足，北饮大泽。未至，道渴而死。弃其杖，化为邓林[2]。

【注释】

①河、渭：黄河、渭水。　②邓林：桃林。

【译文】

夸父和太阳赛跑，一直追到太阳落下的地方。他口渴了，想喝水，就到黄河、渭水边喝水。黄河、渭水的水还不够他喝，他又想往北到大泽喝水。还没到达，中途就渴死了。他留下的手杖，变成了桃林。

【赏析】

夸父是一个神奇的巨人。他善于奔跑，就想与太阳“逐走”，最终悲壮“渴死”。该文表现了夸父无比的英雄气概，反映了我国古代人民探索、征服自然的强烈愿望和顽强意志。

黄帝战蚩尤

蚩尤作兵伐黄帝，黄帝乃令应龙攻之冀州之野。应龙蓄水。蚩尤请风伯雨师，纵[1]大风雨。黄帝乃下天女曰魃，雨止，遂杀蚩尤。

【注释】

①纵：放。

【译文】

蚩尤兴兵攻打黄帝，黄帝命令应龙攻打冀州之野。应龙蓄水备战。蚩尤请来风伯雨师，刮起大风、下起大雨。黄帝就让天女魃下凡帮忙，雨便停了，黄帝终于将蚩尤杀死。

【赏析】

这个神话故事曲折反映了上古时期的“涿鹿之战”。这是黄河流域、长江流域的部落争战，最后的结果是蚩尤失败、黄帝胜利。

形天舞干戚

形天①与帝至此争神，帝断其首，葬之常羊之山，乃以乳为目，以脐为口，操干戚②以舞。

【注释】

①形天：即刑天，传说中的无头神。“形”通“刑”。 ②干戚：干，盾；戚，斧。

【译文】

刑天和天帝争夺神位，天帝砍断了刑天的脑袋，并把他的脑袋埋葬在常羊山。刑天竟然用乳头作双目，用肚脐作嘴巴，手拿着盾和斧。

【赏析】

刑天是上古传说中最有反抗精神的英雄之一。刑天虽然在与天帝的斗争中失败了，但他顽强不屈的精神感天动地，流传千古。

宋贾买璞

宋之富贾①有监止子者，与人争买百金之璞玉②，因佯③失而毁之，负其百金④，而理其毁瑕⑤，得千溢⑥焉。

【注释】

①贾(gǔ)：商人。 ②金：古代称金一镒为一金，一镒是二十两或二十四两。璞玉：没有经过雕琢的玉石。 ③佯：假装。④负：赔偿。其百金：指璞玉之百金。 ⑤理：修理。其：指代璞

玉。瑕：玉毁坏的地方。　⑥溢：同“镒”。

【译文】

宋国有位名叫监止子的富商，跟人争着买一块售价百金的璞玉（双方相持不下），于是他假装失手摔坏了玉，赔偿了百金，后把璞玉被摔坏的地方修理好，卖出去获得千金的利润。

【赏析】

本文出自《韩非子》。奸邪小人为了达到目的，不择手段。

郢人燕说

郢人有遗燕相国书①者，夜书②，火不明，因谓持烛者曰：“举烛③。”云而过书④“举烛”。举烛，非书意也。燕相受书而说之，曰：“举烛者，尚明⑤也；尚明也者，举贤⑥而任之。”燕相白⑦王，王大说⑧，国以治⑨。治则治矣，非书意也。今世学者多似此类。

【注释】

①郢（yǐng）：春秋时楚国的都城。遗：给予。书：书信。　②夜书：夜晚写信。　③举烛：把火烛再举高点。　④云：说。过书：误写。　⑤尚：崇尚。　⑥举：推举，举荐。贤：指有德有才的人。　⑦白：禀告。　⑧说：高兴。　⑨以治：因此而治理好了。

【译文】

楚国的郢都有一个人写信给燕国的相国，因是在夜晚写信，烛光不够明亮，就吩咐拿烛火的人说：“举烛”。不知不觉中就把嘴上说的“举烛”这两个字误写在信里。“举烛”并不是信里的意思。燕国的相国接到信后（读到“举烛”二字），解释道：“举烛就是崇尚清明；崇尚清明，就应举荐有才德的人担当重任。”燕相把这事禀告给燕王，燕王非常高兴，燕国因此被治理得很好。但治理好是治理好了，却不是信里的本意。当今研究学问的人，有很多像这样的情况。

【赏析】

本文出自《韩非子》，用一个生活中的故事，说明当时为学之人在征引、解释前贤遗言时往往穿凿附会的学风。凭主观臆断，把原本没有的意思勉强加上去，以误传误，这种学风与“郢人燕说”是相类似的。篇末点题，是我国古代常用的一种说理方法。

击鼓戏民

楚厉王有警①，为鼓②，以与百姓为戍③。饮酒醉，过④而击之也，民大惊，使⑤人止之，曰：“吾醉而与左右戏⑥，过击之也。”民皆罢⑦。居数月，有警，击鼓而民不赴⑧。乃更令明⑨号而民信之。

【注释】

①警：指紧急的情况。 ②为鼓：击鼓。 ③戍：防守。 ④过：错误。 ⑤使：派。 ⑥戏：开玩笑。 ⑦罢：散去。 ⑧赴：奔向，赶往。 ⑨更：更改。明：申明。

【译文】

楚厉王时，遇到紧急情况就击鼓召集百姓来守城。有一次，厉王喝醉了酒，稀里糊涂地击响了鼓。百姓都很惊慌。厉王派人去阻止他们，说：“我喝醉了，跟身边的人开玩笑，这才错击了鼓。”百姓听了，都散去了。过了几个月，果真发生了紧急情况，厉王击鼓，可百姓都没有出来守城。厉王只好重新跟百姓申明号令，百姓才相信他。

【赏析】

本文出自《韩非子》。这则寓言说明取信于民的重要性，在原则问题上不能儿戏，否则会失信于民，引来大祸。

智子疑邻

宋有富人，天雨墙坏[①]。其子曰："不筑，必将有盗[②]。"其邻人之父[③]亦云。暮而果大亡[④]其财。其家甚智[⑤]其子，而疑邻人之父。

【注释】

①坏：毁坏。　②盗：小偷。　③父(fǔ)：对老人的尊称。④暮：傍晚。亡：丢失。　⑤智：认为……聪明。

【译文】

宋国有一个富人，因天下大雨，家里的墙倒了。他儿子说："如果不赶紧修好，一定会有小偷进来的。"隔壁的老人也这样说。傍晚果然丢失大量财物。这家人认为自己的儿子非常聪明，却怀疑邻家老人是小偷。

【赏析】

本文出自《韩非子》。这个故事可以从多个角度加以理解。从邻居老人的角度来说，交情不够去劝告他人是很困难的。从富人的角度来说不应该凭亲疏关系有偏见地待人，应听取正确的意见。

心不在马

赵襄主学御于王于期[①]，俄而[②]与于期逐，三易[③]马而三后。

襄主曰："子之教我御，术[④]未尽也?"对曰："术已尽，用之则过[⑤]也。凡御之所贵[⑥]：马体安[⑦]于车，人心调[⑧]于马，而后可以进速致远[⑨]。今君后则欲逮臣，先则恐逮于臣。夫诱道争远，非先则后也，而先后心皆在于臣，上何以调于马?此君之所以后也。"

【注释】

①御：驾车。王于期：春秋末年著名的车夫王良，字于期。②俄而：不久。③易：交换。④术：指驾车的方法。⑤过：错误的。⑥所贵：最关键的。⑦安：舒适。⑧调：协调。⑨进速：跑得快。致远，达到远的目标。

【译文】

赵襄王向王于期学习驾车，不久和于期比赛，赵襄王三次换马匹，三次都落后了。襄王说："您教我驾车，技术没教完吧？"于期回答说："驾车的技术全部教给您了，是您使用错误了。凡驾车最关键的是马的身体跟车子相互适合，人的注意力跟马的动作要协调，这样才能跑得快，跑得远。现在您落后了就一心想赶上我，跑在我前面又怕被我追上。驾车比赛，不是领先，就是落后；可您无论领先还是落后，心思都集中在我身上，怎么可能跟马匹协调呢？这就是您落后的原因。"

【赏析】

本文出自《韩非子》。本文用王于期的话告诉人们，做事要专心致志、全神贯注，如果患得患失就会事与愿违。

狗猛酒酸

宋人有酤酒者[①]，升概[②]甚平，遇客甚谨，为酒甚美，县帜甚高著[③]，然不售[④]，酒酸。怪其故，问其所知[⑤]，问长者杨倩，倩曰："汝狗猛耶？"曰："狗猛，则酒何故而不售？"曰："人畏焉。或令孺子怀钱挈壶瓮而往酤，而狗迓而龁之[⑥]，此酒所以酸而不售也。"夫国亦有狗，有道之士怀其术而欲以明万乘之主[⑦]，大臣为猛狗迎而龁之，此人主之所以蔽胁[⑧]，而有道之士所以不用也。

【注释】

①酤(gū)：买卖(酒)。②升概：大致是指卖酒给的分量。

③县(xuán)：悬挂。帜：旗子，此指酒旗。著：明显。　④售：卖出去。　⑤所知：熟人。　⑥或：有的人。孺子：小孩。瓮：装酒的容器。迓(yà)：迎。龁(hé)：咬。　⑦有道之士：指懂得治国方略的人。明：禀告。万乘(shèng)之主：大国君主。　⑧蔽胁：被蒙蔽和被挟制。

【译文】

宋国有一家卖酒的，量酒的分量很公道，待客非常周到，酿的酒味道醇美，酒旗挂得也很高很显眼。可是，他家的酒卖不出去，结果都变酸了。店主感到很奇怪，就找熟人询问，问到老人杨倩时，杨倩说："你家的狗很凶猛吧？"店主问："狗凶猛，酒为啥就卖不出去呢？"杨倩说："人家害怕呀。有人让小孩带了钱提着酒壶去买酒，狗就迎上去咬他，这就是酒变酸也卖不出去的原因。"国家也有猛狗，有才之士带着他的治国策略去说服大国君主，有的大臣却像猛狗一样迎上去撕咬，结果就是君主被蒙蔽、被挟制，有才之士不能被重用。

【赏析】

本文出自《韩非子》。这个故事揭露了封建社会常见的黑暗：奸邪当道、君主受蒙蔽。只有除掉"恶狗"，才能招贤纳士，国家才会兴盛。现在人们还认为它包含哲理：分析问题要全面，有时看上去毫无联系的事物，但起着关键的制约作用。

千金求马

古之君人，有以千金求千里马者，三年不能得。涓人言于君曰："请求之。"君遣之。三月得千里马，马已死，买其首五百金，反以报君。君大怒曰："所求者生马，安事死马而捐五百金？"涓人对曰："死马且买之五百金，况生马乎？天下必以王为能市马，马今至矣。"于是不能期

年，千里之马至者三。

【译文】

古代有个国君用千金求购一匹千里马，三年没能买到。有一个侍卫对国君说："请让我去买吧。"国君就派他去买。他用了三个月时间买到了一匹千里马，但马已经死了，他就用五百金买了那匹死马的头，回来报告国君。国君大怒说："我要的是活马，为什么花五百金买匹死马？"侍卫回答说："死马尚且花五百金买它，何况活马呢？天下的人一定都认为大王能够出高价买千里马，千里马很快就要到了。"果然不到一年，送上门的千里马就有三匹。

【赏析】

本文选自《战国策》，这则寓言启发我们：人才就好比千里马，只要重用人才，就能贤才广纳。

管庄子刺虎

有两虎诤人而斗者，卞庄子[①]将刺之，管与止[②]之曰："虎者，戾虫；人者，甘饵。今两虎诤人而斗，小者必死，大者必伤。子待伤虎而刺之，则是一举而兼两虎也。无刺一虎之劳，而有刺两虎之名。"

【注释】

①卞庄子：春秋时吴国卞邑人，以勇力闻名。 ②管与：人名。止：阻止。

【译文】

有两只老虎为抢着吃一个人而打斗起来，卞庄子要去刺杀它们。管与阻止他说："老虎是凶残的动物，人是它甜美的食物。现在这两只老虎为争吃一个人而打斗，力小的那只一定会被咬死，力大的那只也一定会被咬伤。你等到力大的那只被咬伤了再去刺杀它，那就可以一下子得到两只老虎。没有付出刺杀一只老虎的辛劳，却能有刺杀两只老虎的名声。”

【赏析】

本文出自《战国策》。这个故事告诉我们做事要善于分析、审时度势，抓住良机，就可以一举两得。此故事还演化为成语“两虎相争，必有一伤”，警示我们内部相斗，只会两败俱伤，让第三者获利。

第六编　古代散文

第六卷

臧僖伯谏观鱼[1]

春，公将如棠观鱼者[2]。臧僖伯谏曰："凡物不足以讲大事，其材不足以备器用，则君不举[3]焉。君将纳民于轨[4]物者也。故讲事以度[5]轨量谓之轨，取材以章物采[6]谓之物；不轨不物，谓之乱政。乱政亟行，所以败也。故春蒐[7]、夏苗[8]、秋狝[9]、冬狩[10]，皆于农隙以讲事也。三年而治兵，入而振旅[11]，归而饮至，以数军实。昭文章，明贵贱，辨等列，顺少长，习威仪也。鸟兽之肉，不登于俎[12]；皮革、齿牙、角骨、毛羽，不登于器，则君不射，古之制也。若夫山林川泽之实，器用之资，皂隶[13]之事，官司之守，非君所及也。"公曰："吾将略地焉。"遂往。陈鱼而观之。僖伯称疾不从。书曰："公矢鱼于棠[14]。"非礼也，且言远地也。

【注释】

①臧僖伯：人名，鲁隐公的大臣。　②如：前往。棠：也作唐，鲁国地名。鱼：同"渔"，捕鱼。　③讲：演习。大事：指祭祀和军事。材：材料。举：行动。　④轨：法度和准则。　⑤度(duó)：衡量。　⑥采：华美的装饰。　⑦春蒐(sōu)：春季打猎，择取不孕的禽兽。　⑧夏苗：夏天打猎，为苗除害。　⑨秋狝(xiǎn)：秋季打猎，顺应秋天肃杀之气。　⑩冬狩(shòu)：冬季打猎，因为禽兽都已长成，可以不加选择地猎取。　⑪振旅：整顿军队。　⑫俎(zǔ)：古时祭祀时用以载牲(猪、牛、羊)的礼器。⑬皂隶：仆役。　⑭书：指《春秋》。矢：通"施"，陈列。这一句的意思是：隐公在棠陈列渔具。

【译文】

春天，鲁隐公要前往棠地观看捕鱼。臧僖伯劝阻道："凡是物品不能够用在演习祭祀、军事等大事上，它的材料不能够做礼器和兵器，那么，国君就不要去接触它。国君是把百姓引向社会规范和行为准则的人，所以演习大事来衡量器用物品是否合乎法度就叫做‘轨’；选取材料来制作物品以显示物品的文采就叫做‘物’；不合轨不合物就是乱政。多次乱政，国家就会衰亡了。所以春、夏、秋、冬的狩猎活动，都是在农闲时进行。每三年，还要出兵演习。整队归来，到宗庙祭祖宴饮，清点军用器械和所猎获的禽兽。在演习中车服旌旗的文采鲜明，贵贱分明、等级森严、长幼有序，这都是演习的威仪啊。鸟兽的肉，不能放入祭器作祭品的，皮革、齿牙、骨角、毛羽，不能做礼器的，那国君就不射猎它。这是从古至今的制度啊。至于山林河湖的物产，取来做日用品，那是仆役们的事情，官吏的职责，不是国君所应参与的。”隐公回答说：“我准备巡视边境。”于是动身前往棠地。在那里陈列出各种捕鱼的器物观看。僖伯托病没有跟随前去。史书上说：“隐公在棠陈设渔具。”这是批评隐公举动不合礼法，并且讽刺说他去的地方离守城很远。

【赏析】

本篇反映了当时的“礼”制思想，国君的行为举止要合乎“古制”，国君要遵循治国理政的法度。僖伯认为国君所作所为要从利国利民出发，要合乎“礼”，隐公远离国都，棠地观鱼，并非是体察民情，只是一种游乐猎奇行为，所以极力劝告鲁隐公要以国家大事为重，不要“乱政”。从臧僖伯的话中，也能看出古时候的等级森严。

【出处】

本篇选自《左传》，《左传》又称《春秋左氏传》《左氏春秋》，相传为春秋时曾做过鲁国史官的左丘明所作，记载了自鲁隐公元年(前722)至鲁哀公二十七年(前468)春秋各国的重要史实，是我国第一部叙事详细的编年体史书，也是先秦散文中一部优秀的作品，具有很高的史学价值和文学价值。

子鱼论战

楚人伐宋以救郑[①]。宋公将战。大司马固[②]谏曰：“天之弃商[3]久矣。君将兴之，弗可赦也已[4]。”弗听。及楚人战于泓[5]。宋人既成列，楚人未既济。司马曰：“彼众我寡，及其未既济也，请击之。”公曰：“不可。”既济而未成列，又以告。公曰：“未可。”既陈[6]而后击之，宋师败绩。公伤股，门官歼焉。

国人皆咎公。公曰：“君子不重[7]伤，不禽二毛[8]。古之为军也，不以阻隘[9]也。寡人虽亡国之余，不鼓[10]不成列。”

子鱼曰：“君未知战。勍敌之人[11]，隘而不列，天赞[12]我也。阻而鼓之，不亦可乎？犹有惧焉。且今之勍者，皆吾敌也，虽及胡耇[13]，获则取之，何有于二毛？明耻教战，求杀敌也。伤未及死，如何勿重？若爱[14]重伤，则如勿伤；爱其二毛，则如服焉。三军以利用也，金鼓以声气也[15]。利而用之，阻隘可也；声盛致志，鼓儳[16]可也。”

【注释】

①鲁僖公二十二年(前638)，宋襄公率领许、卫等国讨伐郑国，因为郑国依附楚国，所以楚人伐宋以救郑。　②大司马固：大司马：官名。固：公孙固。　③天之弃商：宋是商的后代。这时周灭商已经四百多年。　④弗可赦也已：宋弱楚强，要想战胜楚国那是不可能的。　⑤泓：水名。　⑥陈：通“阵”，摆好阵势。　⑦重(chóng)：再次。　⑧禽：同“擒”。二毛：头发斑白的人。　⑨阻隘(ài)：险阻之地。　⑩鼓：击鼓进军。　⑪勍(qíng)敌之人：强敌。　⑫赞：助。　⑬胡耇(gǒu)：老人。　⑭爱：怜悯。　⑮金鼓：古代作战，击鼓进军，鸣金收兵。声气：振作士气。　⑯儳(chán)：不整齐。

【译文】

楚国出兵攻打宋国以援救郑国。宋襄公将要应战。大司马公孙固劝阻说：“上天抛弃商朝已经很久了，您想要振兴它，是不可赦免的罪过。”襄公不听。宋军和楚军在泓水交战。宋军已经摆好了阵势，楚军还没有全部渡过泓水。司马说："他们的兵多，我们的兵少，趁他们还没有全部渡过河，请下令进攻吧。"襄公说："不行。"楚军全部渡河了还没有摆好阵势，司马又把情况报告给襄公。襄公说："还不行。"等楚军摆好了阵势，然后才进攻，结果宋军大败。宋襄公的大腿受了伤，侍卫全都被杀死了。

宋国的人都责怪襄公。襄公说："君子不伤害在战争中已经受伤的敌人，不俘虏头发斑白的人。古人作战，不凭借险要的地势来取胜。我虽然是亡国者的后代，也决不攻击还没有摆好阵势的敌人。"

子鱼说："您不懂得战争。强大的敌人遇到险阻又没有摆好阵势，这是上天帮助我们。阻击进攻他们，不也行吗！即使这样，还怕无法取胜呢！况且现在强大的都是我们的敌人，即使是老人，能抓就抓回来了，何况头发斑白的人呢？教导士兵勇敢作战，就是为了杀敌。敌人受伤没有死掉，怎么不能再杀伤他们呢？如果怜悯他们而不再去伤害他们，不如一开始就不要伤害；如果怜悯头发斑白的敌人，不如干脆投降。军队就是要利用有利的时机行动，鸣金击鼓就是用来鼓舞士气。既然军队要利用有利的时机行动，那么趁敌人遇到险阻时进攻是可以的；既然金鼓的洪亮声音是用来鼓起士兵的战斗意志的，那么击鼓进攻还没有摆好阵势的敌人也是可以的。"

【赏析】

本文选自《左传》。全文篇幅不长但完整地记叙了宋楚争霸过程中最关键的泓水之战，以对话的形式展现了两种对立军事思想的激烈冲突，其中重点说了子鱼对战争的看法，他的英明远见与宋襄公的迂腐固执形成了鲜明对比。

介之推不言禄

晋侯赏从亡者①。介之推②不言禄，禄亦弗及。推曰："献公③之子九人，唯君在矣。惠、怀无亲④，外内弃之。

天未绝晋，必将有主。主晋祀者，非君而谁？天实置之，而二三子以为己力[5]，不亦诬乎？窃人之财，犹谓之盗；况贪天之功以为己力乎？下义其罪，上赏其奸，上下相蒙，难与处矣！”其母曰：“盍亦求之，以死谁怼[6]？”对曰：“尤[7]而效之，罪又甚焉！且出怨言，不食其食[8]。”其母曰：“亦使知之，若何？”对曰：“言，身之文[9]也，身将隐，焉用文之？是求显[10]也。”其母曰：“能如是乎？与汝偕隐。”遂隐而死。

晋侯求之不获，以绵上为之田[11]，曰：“以志[12]吾过，且旌[13]善人。”

【注释】

①晋侯：即晋文公。从亡者：跟随文公一起出国流亡的人等。　②介之推：姓介名推，“之”是插在姓名之间的助词，无实际意义。　③献公：晋文公的父亲。　④惠、怀：晋惠公与晋怀公。亲：亲近的人。　⑤二三子：相当于现在讲的“那几位”，指跟从文公逃亡的人。“子”是对人的美称。力：功劳。　⑥怼(duì)：怨恨。　⑦尤：过。　⑧怨言：指前面讲的“窃人之财，犹谓之盗……难与处矣”等语。不食其食：前一“食”字，动词；后一“食”字，名词，指俸禄。　⑨文：修饰。这里是“表白”的意思。　⑩显：显达。　⑪绵上：地名。为之田：做介之推的封田。　⑫志：记。　⑬旌(jīng)：表扬。

【译文】

晋文公赏赐跟随他一起流亡的人。介之推不谈自己有功劳应该享受俸禄，因而晋文公封赏时也没有考虑到他。介之推说：“献公有九个儿子，现在只有文公还活着。惠公、怀公没有亲近的人，国外的诸侯、国内的臣民都抛弃了他们。上天还不想断绝晋国国运，必定会有君主。这掌管晋国祭祀的人不是文公还有谁呢？这实在是上天安排的，然而那几位却认为是自己的功劳，这不是骗人吗？偷窃别人的钱财，尚且叫他盗贼，何况是窃取上天的功劳作为自己的功劳呢？下面的人赞美自己的罪过，上面的人奖励他们的欺诈行为，上下相互欺骗，我难以跟他们相处啊!”他的母亲说：“你何不也去求赏赐呢？如果不去求，因此而死了，又怨谁呢?”介之推回答说：“明知是错，而又去效法他们，那罪过就更重了；况且说了怨恨的话，就不应该再拿国君的俸禄。”他的母亲说：“也使文公知道这件事，怎么样?”介之推回答说：“言语，原是用来表白自身行动的，自身将要归隐了，还用得着表白吗？我要是去讲就是想得到显达啊。”他的母亲说：“你能这样吗？我和你一同隐居吧。”于是就隐居到死。

晋文公找不着介之推，就把绵上的田作为介之推的封田，并且说：“用这来记下我的过失，并且也用来表扬好人。”

【赏析】

本文选自《左传》，晋文公为公子时，由于晋国发生内讧，他被迫在国外流亡 19 年，途中无食物可吃时，介之推割下自己大腿上的一块肉煮成汤给他喝。直到晋惠公死了，晋文公才在秦穆公的帮助下回国。晋文公即位以后，跟他一起出国流亡的人，都争功要俸禄，唯独介之推淡泊名利。介之推跟他母亲的对话，深刻批判了邀功请赏、追名逐利的人的行径。

烛之武退秦师

晋侯、秦伯①围郑，以其无礼于晋②，且贰于楚也③。晋军函陵④，秦军氾南⑤。

佚之狐言于郑伯曰⑥：“国危矣，若使烛之武⑦见秦君，师必退。”公从之。辞曰：“臣之壮也，犹不如人；今老矣，无能为也已。”公曰：“吾不能早用子⑧，今急而求子，是寡人之过也。然郑亡，子亦有不利焉。”许之。

夜缒⑨而出，见秦伯。曰：“秦、晋围郑，郑既知亡矣。若郑亡而有益于君，敢以烦执事⑩。越国以鄙⑪远，君知其难也。焉用亡郑以陪邻？邻之厚，君之薄也。若舍郑以为东道主[12]，行李之往来[13]，共其乏困，君亦无所害。且君尝为晋君赐矣[14]，许君焦、瑕[15]，朝济而夕设版焉[16]，君之所知也。夫晋，何厌之有？既东封[17]郑，又欲肆其西封。若不阙[18]秦，将焉取之？阙秦以利晋，唯君图之。”秦伯说[19]，与郑人盟。使杞子、逢孙、杨孙戍之[20]，乃还。

子犯请击之[21]。公曰：“不可！微夫人之力不及此[22]。因人之力而敝之[23]，不仁；失其所与，不知[24]；以乱易整[25]，不武。吾其还也。”亦去[26]之。

【注释】

①晋侯：晋文公。秦伯：秦穆公。　②无礼于晋：指晋文公为公子时在外逃亡，经过郑国，郑文公没有按礼节接待他一事。　③贰：有二心。　④函陵：郑地。在今河南郑县北。　⑤氾(fàn)南：郑地。在今河南中牟县南。　⑥佚之狐：郑大夫。郑伯：郑文公。　⑦烛之武：郑大夫。　⑧子：古代对男子的尊称。　⑨缒(zhuì)：用绳子拴着人，物从高处往下送。　⑩敢以烦执事：执事，手下办事人员。避免直接称秦伯。这是委婉的说法。　⑪鄙：边邑，这里作动词用，作边邑。　⑫东道主：东方道路上招待宿食的主人。因郑在秦东，所以这么说。　⑬行李：使者，也作“行理”。　⑭尝为晋君赐：指秦穆公曾经帮助晋惠公回国即侯位。赐，恩德。　⑮焦、瑕：二地名。　⑯朝(zhāo)：早晨。济：渡河。设版：指筑城备战。　⑰封：疆界。　⑱阙(quē)：损害。⑲说：同“悦”。　⑳杞子、逢孙、杨孙：都是秦国大夫。　㉑子犯：晋大夫。即狐偃。　㉒微：非。夫(fú)人：那个人，指秦穆公。此句指秦穆公在晋惠公死了之后又帮助晋文公回国继承君位的事。　㉓敝：败坏、损害。　㉔知：音义同“智”。　㉕乱：指秦晋两国同盟破裂，互相攻战。整：指秦晋两国和睦相处。　㉖去：离开。

【译文】

晋文公和秦穆公围攻郑国都城，因为郑国以前对晋文公无礼，并且心存二心，暗地里依附楚国。晋军驻扎在函陵，秦军驻扎在氾南。

佚之狐对郑文公说:“国家很危险了。假如派遣烛之武去拜见秦君,他们的军队一定会撤走。”郑文公听从了他的建议,去请烛之武。烛之武推辞说:“我年富力强的时候,尚且不如他人;现在年老了,没有能力办事了。”文公说:“我没有及早重用你,如今事情危急才来求你,这是我的过错。然而郑国灭亡了,对你也不会有利吧!”烛之武便答应了郑文公。

晚上,烛之武被人用绳子从城上放下去。他见了秦穆公,说:“秦、晋两军围攻郑都,郑国已经知道要灭亡了。假如郑国灭亡而对您有益,那我就不敢麻烦您接见了!不过,越过一个国家,把偏远的地方做边邑,您知道要管辖它那是很困难的。那么,又何必灭亡郑国去扩大邻国晋国的土地呢?邻国的实力雄厚了,就等于您的力量被削弱了。假如留下郑国,把它作为东方道路上接待过客的主人,秦国的使者来往经过,郑国可以供给他们所缺少的物质,这对您秦国也没有什么害处啊!况且您曾经对晋君有恩德,晋惠公答应过给您焦、瑕二地,可是他早晨渡河回了国,晚上就在那里修筑城墙了,这是您所知道的。晋哪里还有满足的时候!晋既已灭了郑作为它东边的疆界,就又想极力扩展它西边的疆界,如不损害秦国,还能从哪里取得土地呢?这种损害秦国而有利于晋国的事情,只有请您好好考虑了。”秦穆公听了很高兴,便和郑国订立盟约,派杞子、逢孙、杨孙驻扎在那里,就回去了。

子犯请求晋文公追击秦军,文公说:“不行!要不是秦穆公的力量,我就不会到这个地位。依靠了人家的力量得到好处却去损害人家,这是不讲仁义。丢掉了自己的同盟国,这是不明智。把两国的和睦相处变为互相攻打,这不算勇武。我们还是回去吧!”晋军也撤走了。

【赏析】

本文选自《左传》。烛之武在危急关头利用秦晋之间的矛盾,慷慨陈词,帮秦穆公分析了当时的形势,说明了保存郑国对秦有利的道理,巧妙地勾起秦穆公对秦晋之间的矛盾的回忆,终于说服了秦穆公,保全了郑国,体现了烛之武高超的语言艺术。此外,烛之武维护国家安全的爱国主义精神也在这篇文章中得到了充分体现。

蹇叔哭师

杞子①自郑使告于秦曰："郑人使我掌其北门之管②，若潜师以来，国可得也。"穆公访诸蹇叔③。蹇叔曰："劳师以袭远，非所闻也。师劳力竭，远主④备之，无乃不可乎？师之所为，郑必知之。勤而无所，必有悖心⑤。且行千里，其谁不知？"公辞焉。召孟明、西乞、白乙⑥，使出师于东门之外。蹇叔哭之曰："孟子⑦！吾见师之出而不见其入也。"公使谓之曰："尔何知！中寿，尔墓之木拱矣⑧！"

蹇叔之子与⑨师。哭而送之，曰："晋人御师必于殽⑩。殽有二陵⑪焉：其南陵，夏后皋之墓也；其北陵，文王之所辟⑫风雨也。必死是间，余收尔骨焉。"

秦师遂东⑬。

【注释】

①杞子：秦国大夫。　②管：钥匙。　③蹇(jiǎn)叔：秦国的老臣。　④远主：指郑国，因为秦国和郑国的中间隔着晋国。　⑤悖(bèi)心：叛逆作乱之心。　⑥孟明：姓百里，名视，是贤臣百里奚的儿子。西乞：名术。白乙：名丙。这三人都是秦将。　⑦孟子：即孟明。"子"是对孟明的美称。　⑧中寿：指活到六七十岁。从文意推测，蹇叔当时有八九十岁了，过了中寿年龄。木：树。拱：两手合抱。　⑨与(yù)：参加。　⑩殽：同"崤"，山名。在今河南洛宁县西北，地势极险。　⑪陵：大山峰。　⑫文王：周文王。辟：同"避"。　⑬东：往东走。

【译文】

杞子从郑国派人报告秦伯说："郑人叫我掌管北门的钥匙。假如秘密派军队前来，就可以占领郑国的国都了。"秦穆公拿这件事去征询蹇叔的意见。蹇叔说："使军队受到很大消耗去袭击远方的国家，我没有听说过。军队精疲力竭，郑国已有了防备，这恐怕不行吧？军队的行动，郑国一定会知道的。秦军劳苦了而毫无所得，士兵一定会产生叛逆作乱的念头。再说行军千里，哪个不知道呢?"秦穆公拒绝了他的意见。召见孟明、西乞、白乙，叫他们从东门出兵。蹇叔哭着说："孟明啊，我看见军队出去，却见不到他们回来了!"秦穆公派人对他说："你知道什么？你要是只活到中寿就死掉，现在你墓上的树木都有两手合抱那么粗了。"

蹇叔的儿子也跟随军队一起出征。蹇叔哭着送儿子，说："晋人必定在殽拦击我军，殽有两座大山峰：那南边的大山峰是夏代君王皋的坟墓，那北边的大山峰曾是周文王避风雨的地方。你必定死在这中间，我到那里去收你的尸骨吧!"

秦国的军队于是向东进发。

【赏析】

本文选自《左传》。秦穆公野心勃勃，不听蹇叔的一再劝阻，坚持出兵袭郑，结果不出蹇叔所料，秦军在殽山被晋军打得全军覆没。秦穆公的"利令智昏"与蹇叔的"先见之明"形成鲜明对比。蹇叔哭送秦军，不仅说明了他对形势分析的深透和对战局预测的准确，更体现了他深切的爱国之心。

召公谏厉王止谤

厉王①虐，国人谤②王。召公③告王曰："民不堪④命矣!"王怒，得卫巫⑤，使监谤者，以告，则杀之。国人莫敢言，道路以目⑥。

王喜，告召公曰："吾能弭⑦谤矣。乃不敢言。"召公曰："是障⑧之也。防民之口，甚于防川。川壅⑨而溃，伤人必多，民亦如之。是故为川者⑩，决之使导；为民者，宣⑪之使言。故天子听政⑫，使公卿至于列士献诗⑬，瞽献曲[14]，史献书[15]，师箴[16]，瞍赋[17]，矇诵[18]，百工[19]谏，庶人传语[20]，近臣尽规[21]，亲戚补察[22]。瞽、史[23]教诲，耆、艾修之[24]，而后王斟酌焉，是以事行而不悖[25]。民之有口，犹土之有山川也，财用于是乎出；犹其有原隰衍沃也[26]，衣食于是乎生。口之宣言也，善败于是乎兴，行善而备败，所以阜[27]财用衣食者也。夫民，虑之于心，而宣之于口，成而行之[28]，胡可壅也？若壅其口，其与能几何？”

王弗听，于是国人莫敢出言。三年，乃流王于彘[29]。

【注释】

①厉王：周厉王。　②谤：公开指责别人的过失。　③召(shào)公：召穆公，名虎，周王朝的卿士。　④不堪：受不了。　⑤卫巫：卫国的巫者。　⑥道路以目：人们在道路上相遇，以眼神示意，形容敢怒而不敢言。　⑦弭(mǐ)：止，消除。　⑧障：筑堤防水叫障。这里指堵塞。　⑨壅(yōng)：堵塞。　⑩为川者：治水的人。　⑪宣：开导。　⑫听政：处理政事。　⑬公卿：三公九卿，指朝廷的大臣。列士：古代一般官员都称为士，较高的称为列士。诗：这里是指讽喻朝政得失的诗篇。　⑭瞽(gǔ)：盲人。古时乐官多由盲人充当。此句意思是乐官进献反映民意的歌曲。　⑮史献书：史官献书于王，使王知往古政治得失，作为借鉴。　⑯师箴(zhēn)：乐官进献箴言。师：少师，一种乐官。箴，寓有劝诫意义的文辞，与后世的格言相近。　⑰瞍(sǒu)：没有眸子的盲人。赋：朗诵。指朗诵公卿列士所献的诗。　⑱矇：有眸子而看不见东西的盲人。诵：指不配合乐曲的诵读。　⑲百工：指各种手工艺者。　⑳庶人：平民，老百姓。　㉑尽规：尽规谏的职责。规，进谏，规劝。　㉒亲戚：指与国王同宗的大臣。补察：弥补王的过失，监督王的行动。　㉓瞽：太师，掌音乐的官。史：太史，掌礼法的官。　㉔耆(qí)、艾：古称六十岁的人为耆、五十岁的人为艾。这里是指国王的师傅和朝中老臣。修：修饰整理。　㉕悖(bèi)：违背。　㉖原：高爽而平坦的土地。隰(xí)：低下而潮湿的土地。衍：低下而平坦的土地。沃：肥美的土地。　㉗阜：增

多，丰富。 ㉘成而行之：考虑成熟后，自然流露出来。行：这里有自然流露之意。 ㉙流：放逐。彘(zhì)：晋地名，在今山西霍县境内。

【译文】

周厉王暴虐无道，国内的人民指责他的过失。召公告诉厉王说："人民受不了你暴虐的政令了！"厉王听了很生气，找来一个卫国的巫师，叫他监视指责自己过失的人。一经巫师告密，就把指责的人杀掉。从此，国内的人民谁也不敢说话了，在路上相遇，只用眼神示意。

厉王高兴了，告诉召公说："我能制止谤言了，他们不敢说了。"召公说："这只不过是堵塞起来罢了。堵塞人民的嘴巴，比堵塞江河的后果还要严重；河水堵塞起来一旦决口，必然伤害很多人，堵百姓的嘴巴也是一样。所以，治水的人，应该疏通河道，使它畅行无阻；治理人民的人，也应该开导他们，使他们知无不言。所以天子办理政务，要大臣以及有地位的士人进献讽谏的诗篇，乐官进献反映民意的歌曲，史官进献可资借鉴的史书，乐官进献寓有劝诫意义的文辞，无眸子的盲人吟咏诗篇，有眸子的盲人诵读讽谏之言，百姓的意见被间接地传达给王，左右近臣尽规谏的职责，同宗的大臣弥补和监督王的行为、过失，乐师和史官用歌曲、史事对王进行教诲，老臣们再进一步修饰整理，然后由王斟酌取舍，付之实行，因此王的行事就不至违背情理。人民有嘴巴，就好像大地有高山河流一样，人类的财富用度都从这里出来；又好像大地有高低平洼各种类型的土地一样，人类的衣食资源都从这里产生。人们用嘴巴发表议论，政事的善恶好坏都能从这里反映出来。好的加以推行，坏的加以防范，这是使财用衣食能够大大增多的办法。百姓，在心里想，用嘴巴说，想好了就自然要说出来，怎么能堵塞呢？如果堵塞百姓的口不让他们说话，那又能堵塞多久呢？"

厉王不听召公的劝告。这样，国内的百姓都不敢说话了。只过了三年，大家就把厉王放逐到彘地去了。

【赏析】

本文选自《国语》。召公主张对群众的非议只可疏导，不可压制。召公的谏词前后都是比喻，前一个比喻说明“防民之口”的害处，后一个比喻说明“宣之于口”的好处。厉王不听劝告，终于得到了应得的惩罚。本文气势充沛，能将恰当的比喻与透辟的说理有机结合起来，很有见地。

苏秦以连横说秦（节选）

苏秦始将连横说秦惠王曰[1]：“大王之国，西有巴、蜀、汉中[2]之利，北有胡貉、代马之用[3]，南有巫山、黔中[4]之限，东有殽、函之固[5]。田肥美，民殷富，战车万乘，奋击[6]百万，沃野千里，蓄积饶多，地势形便，此所谓天府[7]，天下之雄国也。以大王之贤，士民之众，车骑之用，兵法之教，可以并诸侯，吞天下，称帝而治。愿大王少留意，臣请奏其效。”

秦王曰：“寡人闻之：毛羽不丰满者，不可以高飞；文章[8]不成者，不可以诛罚；道德不厚者，不可以使民；政教不顺者，不可以烦大臣。今先生俨然不远千里而庭教之，愿以异日。”

苏秦曰：“臣固疑大王之不能用也。昔者神农伐补遂[9]，黄帝伐涿鹿而禽蚩尤[10]，尧伐驩兜[11]，舜伐三苗[12]，禹伐共工[13]，汤伐有夏[14]，文王伐崇[15]，武王[16]伐纣，齐桓[17]任战而霸天下。由此观之，恶[18]有不战者乎？古者使车毂[19]击驰，言语相结，天下为一；约从连横[20]，兵革不藏；文士并饬[21]，诸侯乱惑；万端俱起，不可胜理；科条既备，民多伪态[22]；书策稠浊[23]，百姓不足；上下相愁，民无所聊[24]；明言章理，兵甲愈起；辩言伟服，战攻不息；

繁称文辞，天下不治；舌敝耳聋，不见成功；行义约信，天下不亲。于是乃废文任武，厚养死士[25]，缀甲厉兵[26]，效胜于战场。夫徒处[27]而致利，安坐而广地，虽古五帝、三王、五霸[28]，明主贤君，常欲坐而致之，其势不能，故以战续之。宽则两军相攻，迫则杖戟相撞，然后可建大功。是故兵胜于外，义强于内；威立于上，民服于下。今欲并天下，凌万乘[29]，诎敌国[30]，制海内，子元元[31]，臣诸侯，非兵不可。今之嗣主[32]，忽于至道，皆惛[33]于教，乱于治，迷于言，惑于语，沉于辩，溺于辞。以此论之，王固不能行也。"

【注释】

①苏秦：战国时东周洛阳(今河南洛阳东)人，字季子。连横：西方的秦国与太行山以东的个别国家联结起来，以打击其他国家。这是一种分化六国，使之服从秦国的策略。秦惠王：秦国的国君，名驷(前337—前311在位)。 ②巴：今四川省东部地区。蜀：今四川省西部地区。汉中：今陕西省南部地区。 ③胡：这里指北方匈奴族居住地区。貉(hé)：兽名，毛可制裘(皮衣)。代：今山西、河北二省北部，其地产马。 ④巫山：山名，在今重庆市巫山县以东。黔(qián)中：地名，在今湖南西北部和贵州东部地区。 ⑤殽：山名，在今河南洛宁县西北。函：函谷关，在今河南灵宝县西南。 ⑥奋击：奋勇作战的武士，即精锐的军队。 ⑦天府：自然条件优越、形势险固、物产富饶的地方。 ⑧文章：指礼乐法度。 ⑨神农：传说中远古的帝王，农业、医药的发明者。补遂：国名。 ⑩黄帝：传说中的古帝名，号轩辕氏。涿鹿：山名，在今河北涿鹿县东南。蚩尤：传说中的九黎部落首领，与黄帝战，兵败被杀。 ⑪尧：传说中的古帝名，传位于舜。驩(huān)兜：尧的臣，因作乱而被放逐。 ⑫舜：传说中的古帝名。传位于禹。三苗：古族名，也称苗、有苗。 ⑬禹：古帝名，姒姓，也称大禹、夏禹、戎禹。共工：古代传说人物。 ⑭汤：商朝开国之王，原为夏朝诸侯。有夏：指夏王桀。有，语助词，无实义。 ⑮文王：周文王，

姓姬，名昌，殷纣时为西方诸侯首领，称西伯。崇：指崇侯虎，为殷纣的卿士，助纣为虐，被文王诛杀。⑯武王：文王子，名发。灭纣，即天子位，国号周。⑰齐桓：齐桓公。⑱恶(wū)：何，怎么。⑲毂(gǔ)：车轮中心突出部分。⑳约从：从，同“纵”。南北为纵。山东六国从南到北结成联盟共同御秦称为“合纵”。㉑饬(chì)：巧饰，指花言巧语。㉒伪态：虚假奸诈。㉓书策：记载法令政事的书籍，这里是指法规制度。稠浊：繁密混乱。㉔聊：依赖。㉕死士：不怕死的勇士。㉖缀甲厉兵：缝好衣甲，磨快武器。意即作好战争准备。㉗徒处：无所事事地坐着。㉘五帝：传说中的上古帝王。说法很多，《史记·五帝本纪》以黄帝、颛顼、帝喾、唐尧、虞舜为五帝。三王：指夏禹、商汤、周文王。五霸：一作“五伯”，指春秋时先后称霸的五个诸侯，指齐桓公、晋文公、楚庄公、吴王阖闾、越王勾践；一说指齐桓公、晋文公、宋襄公、秦穆公、楚庄王。㉙万乘(shèng)：指古代能出兵车万辆的国家。一车四马为一乘。㉚诎：同“屈”。㉛子元元：子，有爱护、统治的意思。元元，人民。㉜嗣主：继承王位的国君。暗指秦惠王。㉝惛：同“昏”，昏暗不明。

【译文】

苏秦起初用连横的主张游说秦惠王，说：“大王的国家，四边巴、蜀、汉中十分富饶，北边有胡貉、代马的物产，南边有巫山、黔中的险阻，东边有殽山、函谷关的坚固。土地肥美，百姓富足，战车万辆，武士百万，土地肥沃，蓄积很多，地势险要，可攻可守，这正是所说的‘天府之国’，是天下最强的国家。凭借大王的贤明、士民的众多、车骑的充足、兵法的教习，可以吞并诸侯，统一天下，称帝而加以治理。希望大王稍微留意，让我陈述这样做所收到的功效。”

秦王说：“我听说过，毛羽还没有长丰满的，不可以高飞，礼乐法度还没有完备的，不可以用刑罚；道德修养还不够厚重的，不可以役使百姓；政治教化还不修明的，不可以烦劳大臣。现在先生郑重其事地不远千里来到秦国并且在朝廷上教诲我，请改日再说吧！”

苏秦说："臣本来就怀疑大王不能采纳我的主张。从前神农讨伐补遂，黄帝讨伐涿鹿，擒杀蚩尤，唐尧讨伐驩兜，虞舜讨伐三苗，夏禹讨伐共工，商汤讨伐夏桀，周文王讨伐崇侯虎，周武王讨伐商纣，齐桓公用战争手段成为诸侯霸主。从这些情况看来，哪里有不用战争的呢？古时候，使者的车子络绎不绝地来往，用语言相互联结，天下连成一体。现在讲合纵讲连横，武器并没有收藏起来；文士都善于花言巧语，诸侯被他们游说得昏乱迷惑，因而各种事态都发生了，理也理不清；法令条文完备，老百姓虚假奸诈的也多；法规制度繁乱，老百姓的日子不好过；上上下下都发愁，人民无所依靠；道理越是清楚明白的，战争反而越加频繁；能说会道、鲜衣华服的辩士到处奔走，可是战争并不停息；繁杂浮夸的文辞，使天下得不到安宁；讲的人舌头讲累了，听的人耳朵震聋了，却看不见成功；实行道义，提倡信用，却不能使天下人相亲。于是废除文辞，崇尚武力，用优厚的待遇蓄养勇士，制好衣甲，磨快兵器，在战场上决定胜负。什么也不做却能获得利益，安坐不动却能扩充土地，即使是古代的五帝、三王、五霸以及其他明主贤君，也经常希望坐享其成，这势必不可能，所以要用战争去继续求取。距离远就摆开阵势两军相攻，距离近就兵器对兵器互相拼杀，然后才可建立大功。因此战争在外面打胜了，名声也就在国内加强；上面的国君有了权威，下面的百姓才会服从。如今想要吞并天下，凌驾在大国之上，征服敌国，控制海内，统治百姓，臣服诸侯，没有武力是不行的。现在有些继承王位的国君，忽视这最重要的道理，都不明教化，不懂治国，沉溺在花言巧语之中。照这样看来，大王本来就不会采纳我的主张的。"

【赏析】

本文反映了战国时代"逞干戈，尚游说"的历史面貌，苏秦游说时很讲究语言艺术，条理清晰，先对秦国的整体情况作了有利于自己观点的陈述，然后说明了统一天下的大体路径。语言华丽，其中大量运用对偶、排比，具有极强的感染力和说服力。

范雎说秦王[①]

范雎至秦，王庭迎范雎，敬执宾主之礼，范雎辞让。

是日见范雎，见者无不变色易容者。秦王屏左右，宫中虚无人。秦王跪而进曰："先生何以幸教寡人？"范雎曰："唯唯[②]。"有间，秦王复请，范雎曰："唯唯。"若是者三。秦王跽[③]曰："先生不幸教寡人乎？"

范雎谢曰："非敢然也！臣闻昔者吕尚之遇文王也，身为渔父而钓于渭阳之滨耳[④]。若是者交疏[⑤]也。已，一说而立为太师，载与俱归者，其言深也。故文王果收功于吕尚，卒擅天下，而身立为帝王。即使文王疏吕望而弗与深言，是周无天子之德，而文、武无与成其王也。今臣，羁旅[⑥]之臣也，交疏于王，而所愿陈者，皆匡[⑦]君臣之事，处人骨肉之间[⑧]。愿以陈臣之陋忠，而未知王心也。所以王三问而不对者是也。臣非有所畏而不敢言也，知今日言之于前，而明日伏诛于后，然臣弗敢畏也。大王信行[⑨]臣之言，死不足以为臣患，亡不足以为臣忧；漆身而为厉[⑩]，被发而为狂[⑪]，不足以为臣耻。五帝之圣而死，三王之仁而死，五霸之贤而死，乌获[⑫]之力而死，奔、育[⑬]之勇而死。死者，人之所必不免。处必然之势；可以少有补于秦，此臣之所大愿也，臣何患乎？伍子胥橐载而出昭关[⑭]，夜行而昼伏，至于菱水[⑮]，无以糊其口，膝行蒲伏，乞食于吴市，卒兴吴国，阖闾为霸。使臣得进谋如伍子胥，加之以幽囚不复见，是臣说之行也，臣何忧乎？箕子、接舆[⑯]，漆身而为厉，被发而为狂，无益于殷、楚。使臣得同行于箕子、接舆，可以补所贤之主，是臣之大荣也，臣又何耻乎?臣之所恐者,独恐臣死之后,天下见臣尽忠而身蹶[17]也,是以杜口裹足,莫肯向秦耳。足下上畏太后之严,下惑奸臣之态,居深宫之中,不离保傅[18]之手,终身暗惑,无与照奸[19],大者宗庙灭覆,小者身以孤危,此臣之所恐耳。若夫穷辱之事,死亡之患,臣弗敢畏也。臣死而秦治,贤于生也。"

秦王跪曰:"先生是何言也!夫秦国僻远,寡人愚不肖,先生乃幸至此,此天以寡人恩[20]先生,而存先王之庙也。寡人得受命于先生,此天所以幸先王而不弃其孤也。先生奈何而言若此!事无大小,上及太后,下至大臣,愿先生悉以教寡人,无疑寡人也。"范睢再拜,秦王亦再拜。

【注释】

①范睢(jū),字叔,魏人。在王稽帮助下入秦,上书秦昭王,受到重视,初任客卿,不久为秦相且取代了穰侯(昭王的舅父)。睢,一作"雎"(suī)。 ②唯唯:应诺的声音,如同"嗯嗯""是是"。 ③跽:长跪。双膝着地,臀部离开脚跟,伸直上身。 ④吕尚:即姜太公,字子牙,封于吕,又称吕望。渭阳:渭水之北,在今陕西岐县。 ⑤交疏:交情不深。 ⑥羇(jī)旅:也作"羁旅",他乡作客。羇,寄。旅,客。 ⑦匡:纠正,救助。 ⑧处人骨肉之间:骨肉:喻至亲。指自己处在昭王与太后、穰侯之间。太后与昭王是母子,太后与穰侯是姊弟,都是极近的亲属关系。 ⑨信:果真。行:实行。 ⑩漆身而为厉:以漆涂身,使皮肤如生疮癞。厉,同"癞"。 ⑪被发而为狂:披散头发,假装疯子。被,同"披"。 ⑫乌获:秦武王时的大力士。 ⑬奔、育:指孟奔、夏育,都是古代的勇士。 ⑭伍子胥:春秋时楚人。他的父兄都被楚平王杀害,他逃奔吴国,助吴王阖闾伐楚成功,报父兄之仇。橐(tuó):口袋。昭关:楚要塞,位于吴楚交界处,今安徽含山县西北。 ⑮菱水:即溧水,在今江苏溧阳县。《史记》作"陵水"。 ⑯箕子:商纣的叔父,封于箕,因谏纣而被囚,假装疯癫为奴隶。接舆:春秋时楚国的隐者,曾披发佯狂以避世。 ⑰蹶(jué):僵

仆。⑱保傅：指宫内保育、教导太子等贵族子弟的男女官员。⑲照奸：辨别奸邪。照，洞察。⑳慁（hùn）：扰乱。

【译文】

范雎到了秦国，秦昭王在朝廷上欢迎他，以宾主的礼节恭恭敬敬地接待，范雎辞让不受。

这天接见范雎，见到那场面的人无不改变脸色，变得严肃起来。秦王命令左右的人离开，宫中空无一人。这时，秦昭王跪着向范雎说："先生用什么指教我呢？"范雎应了一声："是。"过了一会，秦王再次请求，范雎又应了一声："是。"像这样反复了三次。秦王长跪着说："先生不愿意指教我吗？"范雎抱歉地说："不敢这样啊。我听说，从前吕尚遇到周文王时，是个渔父，在渭水边钓鱼。像这种情况，可以说关系是生疏的。但不久，他一谈，文王便立他为太师，请他乘车一同归周，这是因为他们谈得很深啊。所以文王果真依靠吕尚取得成功，最终统一天下，做了帝王。假使文王因为与吕尚生疏而不同他深谈，那就是周没有做天子的德性，文王、武王也没法成就他们的王业。现在，我是一个外来的客卿，同大王交情不深，但是我所愿意陈说的，都是匡正国君偏差的事情，又处在别人的骨肉亲属之间。我奉献自己的愚忠，却不知大王的心思如何，这就是大王三问我不回答的原因。我不是因为害怕而不敢说，即使知道今天在大王面前说了，到明天就被诛杀，我也不敢有所畏惧。大王果真实行我的话，死亡不足以成为我的祸害，放逐不足以成为我的忧虑，即使漆身为癞，披发为狂，也不足以成为我的耻辱。五帝那么圣明，死了；三王那么仁爱，死了；五霸那么贤能，死了；乌获是大力士，死了；孟奔、夏育是有名的勇士，也死了。死这件事，是人生不能避免的。我在必然一死的形势下，而可以对秦国稍微有些补益，这便是我最大的愿望了，我有什么可担忧的呢？从前伍子胥藏在袋子里逃出昭关，白天躲藏，夜间赶路，到达溧水，没有东西吃了，便跪着爬着，在吴市讨饭，后来终于辅佐吴王复兴吴国，使吴王阖闾成为霸主。如果大王相信我的谋略，就像吴王用伍子胥一样，即使把我关进监牢，终生不见，只要我的主张实行了，我又有什么可担忧的呢？箕子、接舆两人，浑身涂漆像生癞疮，披头散发，装着发狂，但他们对于殷朝和楚国，并没有什么益处。如果我能够跟箕子、接舆那样，而又可以帮助您这位贤明的君主，这就是我最大的荣幸了，我又有什么好耻辱的呢？我所恐惧的，只是怕我死了以后，天下的贤士看到我尽忠却被杀，因而都闭着嘴巴、停了脚步，不肯到秦国来了。大王上怕太后的威严，下被奸臣的伪装迷惑，住在深宫里面，离不开辅臣的手，终身受到蒙蔽，无法洞察奸邪。这样，大则宗庙覆灭，小则自身陷于孤立危险的境地。这才是我所害怕的啊！至于穷困受辱的事，死亡流亡的祸患，我是不怕的。我死了而秦国得到治理，这比我活着还好呢。”

秦昭王长跪着说：“先生，这是什么话！秦国远离中原，偏僻边远，我愚笨而不贤明，先生竟能光临此地，这是上天要我烦扰先生，以保存我先王的宗庙啊！我能够受到先生的教导，是上天赐恩于先王而不抛弃他这个孤危的儿子啊。先生为什么说这样的话呢！国家的事，不论大小，上到太后，下到大臣，希望先生全都说出来教导我，不要怀疑我了。”范雎拜了两拜，秦王也拜了两拜。

【赏析】

本文选自《战国策·秦策三》，记载了秦昭王初次接见范雎时两人的谈话。范雎游说秦王，所供谋略，可能给自己引来杀身之祸，所以他谨小慎微，再三试探秦王，看他是否真心信任自己，能否听从建议摆脱骨肉之亲的羁绊而自强自立。此外，他反复陈说自己对秦王置生死于度外的忠心，言辞恳切，绵密动人。最后指出秦王之孤危处境，戳中秦王心患，令秦王信他、服他、用他。

触詟说赵太后①

赵太后新用事②，秦急攻之。赵氏求救于齐。齐曰：“必以长安君为质③，兵乃出。”太后不肯。大臣强谏。太后明谓左右：“有复言令长安君为质者，老妇必唾其面！”

左师触詟愿见[4]，太后盛气而揖[5]之。入而徐趋，至而自谢[6]，曰："老臣病足，曾不能疾走，不得见久矣，窃自恕，恐太后玉体之有所郄[7]也，故愿望见。"太后曰："老妇恃辇[8]而行。"曰："日食饮得无衰[9]乎？"曰："恃鬻[10]耳。"曰："老臣今者殊不欲食，乃自强[11]步，日三四里，少益嗜食，和于身。"曰："老妇不能。"太后之色少解。

左师公曰："老臣贱息[12]舒祺，最少，不肖；而臣衰，窃爱怜之，愿令补黑衣[13]之数，以卫王宫。没死[14]以闻！"太后曰："敬诺。年几何矣？"对曰："十五岁矣。虽少，愿及未填沟壑[15]而托之。"太后曰："丈夫亦爱怜其少子乎？"对曰："甚于妇人。"太后："妇人异甚！"对曰："老臣窃以为媪之爱燕后[16]，贤于长安君。"曰："君过矣，不若长安君之甚！"左师公曰："父母之爱子，则为之计深远。媪之送燕后也，持其踵[17]，为之泣，念悲其远也，亦哀之矣。已行，非弗思也，祭祀必祝之，祝曰：'必勿使反[18]。'岂非计久长有子孙相继为王也哉？"太后曰："然。"

左师公曰："今三世以前，至于赵之为赵[19]，赵王之子孙侯者，其继有在者乎？"曰："无有。"曰："微独赵，诸侯有在者乎？"曰："老妇不闻也。""此其近者祸及身，远者及其子孙。岂人主之子孙则必不善哉？位尊而无功，奉[20]厚而无劳，而挟重器[21]多也。今媪尊长安君之位，而封以膏腴之地，多予之重器，而不及今令有功于国；一旦山陵崩[22]，长安君何以自托于赵？老臣以媪为长安君计短也，故以为其爱不若燕后。"太后曰："诺，恣君之所使之。"于是为长安君约车百乘，质于齐，齐兵乃出。

子义[23]闻之，曰："人主之子也，骨肉之亲也，犹不能恃无功之尊，无劳之奉，以守金玉之重也[24]，而况人臣乎！"

【注释】

①本篇选自《战国策·赵策四》。触詟(zhé)：据马王堆汉墓帛书及《史记·赵世家》，应为触龙。赵太后即赵威后。 ②用事：即任事，执掌政事。当时赵孝成王年幼，由赵太后执政。 ③长安君：赵太后的小儿子。质：人质。 ④左师：官名。文中“触詟”是“触龙言”之误。 ⑤揖：应作“胥”，同“须”，等待。 ⑥谢：道歉。 ⑦郄(xì)：同“隙”，病，不舒适。 ⑧辇(niǎn)：用人拉的车。 ⑨衰：减少。 ⑩鬻：同“粥”。 ⑪强(qiǎng)步：勉强走动。 ⑫息：儿子。 ⑬黑衣：战国时王宫卫士穿黑色军服，所以这里代指卫士。 ⑭没死：冒着死罪。 ⑮填沟壑：指死。人死埋于地下，所以称“填沟壑”，这是委婉的说法。壑(hè)，坑地，山谷。 ⑯媪(ǎo)：对老年妇女的尊称。燕后：赵太后之女，嫁到燕国为后，故称燕后。 ⑰持其踵：这是指燕后出嫁时，太后紧紧跟在她身后不忍分别。踵，脚后跟。 ⑱必勿使反：古代诸侯之女出嫁他国，只有被废或亡国时，才返回父母之国。这里是说太后常为燕后祈祷，希望她永远不要遭到不幸而返回本国。 ⑲赵之为赵：前赵字指赵氏，后赵字指赵国。为，有。公元前403年，韩、赵、魏三家分晋，周天子正式封其为诸侯。赵的第一个国君是赵烈侯。 ⑳奉：同“俸”，即俸禄。 ㉑重器：金玉钟鼎等贵重器物。 ㉒崩：古代称帝王死为崩。山陵崩是喻指赵太后死去。 ㉓子义：赵国的贤士。 ㉔金玉之重：指富贵的地位。

【译文】

赵太后新近执政，秦国便加紧进攻赵。赵太后向齐王求救。齐王说：“一定要以长安君作为人质，才能派兵。”太后不答应，大臣们极力劝谏。太后明确地对身边近臣宣布：“有再说让长安君作人质的，我这个老婆子一定把唾沫吐在他脸上！”

左师触龙说希望拜见太后，太后满脸怒气等候着他。触龙一进宫门便慢慢地向前小跑，到了太后面前请罪说：“老臣的脚有病，没法快走，不能来拜见您已经很久啦。我私下里根据自己的情况推想，担心太后的贵体有不舒服的地方，因此很想看望您。”太后说：“我靠人推拉着车子走动。”触龙问：“每天饮食该不曾减少吧？”太后说："靠喝粥罢了。"触龙说："老臣近来特别不想吃东西，便勉强自己步行，每天走三四里，逐渐地增加了食欲，对于身体很有益。"太后说："我做不到。"太后的神色略微缓和了。

左师公说："我儿子舒祺，年纪最小，没什么出息。可是我年纪老了，内心总疼爱他，希望您让他充当一名卫士，来保卫王宫。我冒着死罪把这事禀告您。"太后说："好吧。年纪多大呢？"左师公回答说："15 岁啦。虽说还小，我希望趁自己还没有死，便把他托付给您。"太后说："男人也疼爱他的小儿子吗？"触龙回答说："比女人还厉害。"太后说："女人爱得特别厉害啊。"触龙回答说："我私下认为您爱燕后，超过爱长安君。"太后说："你错了！我爱燕后远远比不上爱长安君。"左师公说："父母爱子女，就要为他们作长远打算。您送燕后出嫁的时候，紧跟在她身后哭泣，想起她远嫁异国就伤心，也确实够悲哀的了。她走了以后，您不是不想念她呀，可是祭祀时一定要为她祈祷。祈祷说：'千万不要被赶回来啊。'这难道不是为她的长远考虑，希望她有子孙相继当国王吗？"太后说："是啊！"

左师公说："从现在算起，往上推三代，一直到赵氏建立赵国的时候，赵王子孙封了侯的，还有能继承他们爵位的子孙在吗？"太后说："没有。"触龙说："不单是赵国，其他诸侯国被封侯的国君子孙还有后继人在吗？"太后说："我没有听说过。"触龙说："这就是说他们之中近则自身便遭了祸，远则祸患便落到他们子孙身上了。难道说君王的子孙就一定不好吗？不是。只不过由于他们地位很高却没有什么功勋，俸禄很丰厚却没有什么劳绩，而且拥有的贵重宝器太多了啊！如今您尊显长安君的地位，封给他富庶的土地，赐给他很多贵重的东西，却不趁着现在让他为国立功，一旦太后您百年之后，长安君凭什么在赵国安身呢？老臣认为您替长安君打算得太短浅了。所以说您对他的爱不如对燕后的爱。"太后说："好吧，任你怎么调派他吧！"于是给长安君整治好百辆车子，到齐国去作人质。齐国的援兵就派出来了。

子义听到这件事，说："君王的儿子，是亲生骨肉，尚且不能依靠没有功勋的高位，没有劳绩的俸禄，来保持他的富贵，何况人臣呢!”

【赏析】

这篇文章的主旨在于:“父母之爱子,则为之计深远。”文章成功地塑造了一位忠诚为国的富于生活经验、善于进谏的老臣的形象和一个气盛偏执、溺爱幼子的女统治者的形象。作者善于用轻松、细致的笔触刻画人物的言谈、举止,传神地表现了人物的性格特征。这是一篇很有教育意义的文章。

谏逐客书

李斯[①]

秦宗室[②]大臣皆言秦王曰:“诸侯人来事秦者,大抵为其主游间[③]于秦耳。请一切逐客[④]。”李斯议亦在逐中。斯乃上书曰:

“臣闻吏议逐客,窃以为过矣。

“昔穆公[⑤]求士,西取由余于戎[⑥],东得百里奚于宛[⑦],迎蹇叔[⑧]于宋,求丕豹、公孙支于晋[⑨]。此五子者,不产于秦,而穆公用之,并国二十,遂霸西戎。孝公用商鞅[⑩]之法,移风易俗,民以殷盛,国以富强,百姓乐用[⑪],诸侯亲服,获楚、魏之师[⑫],举[⑬]地千里,至今治强。惠王用张仪[⑭]之计,拔三川[⑮]之地,西并巴、蜀,北收上郡[⑯],南取汉中,包九夷[⑰],制鄢、郢[⑱],东据成皋[⑲]之险,割膏腴之壤,遂散六国之从[⑳],使之西面事秦,功施[㉑]到今。昭王得范雎,废穰侯,逐华阳[㉒],强公室,杜私门,蚕食诸侯,使秦成帝业。此四君者,皆以客之功。由此观之,客何负于秦哉?向使四君却客而不内[㉓],疏士而不用,是使国无富利之实,而秦无强大之名也。

今陛下致昆山之玉[㉔],有随、和之宝[㉕],垂明月之珠,服太阿之剑[26]，乘纤离[27]之马，建翠凤之旗[28]，树灵鼍之鼓[29]。此数宝者，秦不生一焉，而陛下说之，何也？必秦国之所生然后可，则是夜光之璧，不饰朝廷，犀象之器[30]，不为玩好，郑、卫之女，不充后宫，而骏马駃騠[31]，不实外厩，江南金锡不为用，西蜀丹青[32]不为采。所以饰后宫，充下陈，娱心意，说耳目者，必出于秦然后可，则是宛珠[33]之簪，傅玑之珥[34]，阿缟之衣[35]，锦绣之饰，不进于前，而随俗雅化[36]、佳冶[37]窈窕，赵女不立于侧也。夫击瓮叩缶[38]，弹筝搏髀[39]，而歌呼呜呜快耳目者，真秦之声也；郑、卫桑间[40]，韶虞、武象者[41]，异国之乐也。今弃击瓮而就郑卫，退弹筝而取韶虞，若是者何也？快意当前，适观而已矣。今取人则不然，不问可否，不论曲直，非秦者去，为客者逐。然则是所重者在乎色、乐、珠、玉，而所轻者在乎人民也。此非所以跨[42]海内、制诸侯之术也。

臣闻地广者粟多，国大者人众，兵强则士勇。是以泰山不让[43]土壤，故能成其大；河海不择细流，故能就其深；王者不却众庶，故能明其德。是以地无四方，民无异国，四时充美，鬼神降福，此五帝三王之所以无敌也。今乃弃黔首[44]以资敌国，却宾客以业[45]诸侯，使天下之士退而不敢西向，裹足不入秦。此所谓藉寇兵而赍[46]盗粮者也。

“夫物不产于秦，可宝者多；士不产于秦，而愿忠者众。今逐客以资敌国，损民以益仇，内自虚而外树怨于诸侯[47]，求国之无危，不可得也。”

秦王乃除逐客之令，复李斯官。

【注释】

①李斯：战国时楚国上蔡(今河南省上蔡县)人，年少时做过郡小吏。后来与韩非一同从荀卿学“帝王之术”。入秦，初为吕不

韦舍人，后任郎中，说秦王政，拜为客卿。助秦始皇统一中国，官至丞相。始皇死后，赵高矫诏杀太子扶苏，李斯被迫胁从。二世立，赵高用事，诬李斯谋反，将他腰斩，并夷灭三族。 ②宗室：与国君同一祖宗的贵族。 ③间：离间。 ④客：指当时在秦国做官任事的外籍人。 ⑤穆公：即秦穆公。春秋时五霸之一。 ⑥由余：春秋时晋人，逃亡到戎地，奉戎王命使秦。秦穆公看上由余，离间戎王和由余，迫由余降秦。后来用由余计伐戎，开地千里，遂霸西戎。戎：我国古代西部的民族。 ⑦百里奚：原为虞大夫，晋灭虞，奚被俘，作为晋献公女儿陪嫁的奴仆入秦。后逃入楚，被楚人捉住。穆公听说他很有能力，便用五张羊皮赎了他，并任用为大夫。宛(yuān)：楚地，今河南南阳市。 ⑧蹇(jiǎn)叔：百里奚的朋友，住在宋国，经百里奚推荐入秦，封为上大夫。 ⑨求：一本作“来”，招来。丕豹：晋大夫丕郑的儿子，丕郑被杀，豹奔秦，穆公任用豹为将。公孙支：字子桑，秦人，曾游晋，后归秦为穆公谋臣。 ⑩商鞅：战国时卫人，姓公孙，名鞅，又称卫鞅。佐秦孝公变法，使秦富强，孝公以商十五邑封鞅，号为商君。 ⑪乐用：乐于被使用，即肯为国出力。 ⑫获楚、魏之师：楚宣王三十年，秦封卫鞅于商，南侵楚。秦孝公二十二年，商鞅击败魏军，俘魏公子卬(áng)，得魏河西之地。 ⑬举：攻取，占领。 ⑭张仪：魏人，惠王用为相，为秦定连横之计，屡破六国合纵联盟，使秦国更加强大。 ⑮三川：大致为当今河南洛阳市一带。这个地区有黄河、伊水、洛水三条河，所以称三川。 ⑯上郡：本魏地，在今陕西省榆林一带。 ⑰九夷：泛指当时楚国的各少数民族。九：不是实数，意为众多。 ⑱鄢(yān)、郢(yǐng)：楚地。鄢：在今湖北宜城县一带。郢：楚的国都，在今湖北江陵县。 ⑲成皋(gāo)：即今河南省荥阳县虎牢关，古代是一个军事要地。 ⑳六国之从：指韩、魏、赵、齐、燕、楚联合抗秦的合纵联盟。从：同“纵”。 ㉑施(yì)：延续。 ㉒穰侯：即魏冉，秦昭王母宣太后的异父弟，曾为秦相，封于穰，专朝政三十余年。华阳：即华阳君，名芈(mǐ)戎，宣太后同父弟，封于华阳，曾在朝中握有大权，后被昭王遣回封地华阳。 ㉓向：原先，当时。使：假使。却：拒绝。

内：同“纳”。　㉔崑山：今新疆和田县，以产玉著称。　㉕随和之宝：指随侯之珠与和氏之璧。相传随侯曾救过一条大蛇，后来这蛇在夜间衔来一颗宝珠谢他，被称“随侯珠”。又，楚人和氏(一本作卞和)曾在荆山得一块玉璞，献给厉王。厉王令玉工鉴定，玉工认为是石头，厉王怒，砍去和氏一只脚。武王即位，和氏再献玉璞，玉工仍说是石头，又砍去和氏一只脚。等到文王即位，和氏又献璞，琢成绝世美玉，便是“和氏璧”。　㉖太阿之剑：即太阿剑。“之”是语助词。太阿剑相传为春秋时吴国名匠欧冶子、干将所铸的名剑。　㉗纤离：骏马名。　㉘翠凤之旗：装饰有翠羽的凤形的旗帜。　㉙灵鼍(tuó)之鼓：用鼍皮蒙的鼓。鼍是扬子鳄。　㉚犀象之器：用犀牛角和象牙制作的器具。　㉛駃騠(jué tí)：良马名。　㉜丹青：颜料。　㉝宛(yuān)珠：宛地出产的珍珠。　㉞傅玑之珥：镶着珍珠的耳环。　㉟阿缟(gǎo)：齐国东阿所产缟。缟：白色的薄绸。东阿在今山东省东阿县。　㊱随俗雅化：随着时尚的变化而打扮得雅致漂亮。俗：世俗。雅：优雅。　㊲佳冶：美好艳丽。　㊳瓮(wèng)：盛水的坛。缶(fǒu)：瓦钵。　㊴筝：竹制乐器名。髀(bì)：大腿。　㊵桑间：流行于郑卫的情歌。桑间，卫国地名，当时那里的音乐很出名。　㊶韶虞：相传为舜乐。武象：周乐。　㊷跨：超越时间或地域的界限。比喻统一。　㊸让：避开，拒绝。　㊹黔首：平民百姓。古时老百姓以黑巾裹头，故称。黔：黑色。　㊺业：使……成就功业。　㊻赍(jī)：赠送。　㊼外树怨于诸侯：意思是宾客被驱逐出秦国之后，必投奔其他诸侯，辅佐他们对抗秦国。这等于秦王自己在外部树立了众多的仇敌。

【译文】

秦国的宗室大臣们都向秦王说：“各诸侯国来服事秦国的人大多是在替他们的君主进行游说、离间。请把所有的客卿赶走。”李斯也是在议论中要被驱逐的一个。李斯就给秦王写信说：

“我听说官吏们建议赶走客卿，私下认为这样做是错误的。过去，穆公访求贤才，西边从戎族那里选拔了由余，东面从宛县得到了百里奚，从宋国迎来了蹇叔，从晋国请来了丕豹和公孙支。这五个人，不出生在秦国，可是穆公重用他们，因而吞并了二十个小国，于是称霸西戎。孝公采用商鞅变法的主张，移风易俗，百姓因此兴旺富足，国家因此繁荣富强，百姓都乐意为国出力，各诸侯国都对秦国亲善归服，战胜了楚魏的军队，占领了上千里的土地，至今政治安定、国力强盛。惠王采用张仪的计策，攻取了三川一带，向西并吞了巴、蜀，向北收得了上郡，向南夺取了汉中，席卷九夷各部，控制楚国的鄢、郢，向东占据成皋天险，取得了大片肥沃的土地，最终拆散了六国的合纵联盟，迫使他们面向西方侍奉秦国，功效一直延续到今天。昭王得到范睢，罢黜穰侯，放逐华阳君，加强王室的权力，限制豪门贵族，蚕食各诸侯的疆土，使得秦国成就帝王的基业。这四位君主，都依靠了客卿的功劳。从这些事例看来，客卿有什么对不起秦国的呢？假使当时四位君主拒绝客人不肯接纳，疏远人才不肯任用，那就使国家没有富足丰厚的实力，秦国也不会有强大的名声了。

如今陛下弄来了崑山的宝玉，有了随侯珠、和氏璧，衣服上悬挂着光如明月的珍珠，佩带着太阿宝剑，乘着名叫纤离的骏马，竖立着用翠凤羽毛作装饰的彩旗，安放着鳄鱼皮蒙的大鼓。这几种宝物，秦国一种也不能出产，可是陛下却非常喜爱它们，这是为什么呢？如果一定要秦国土生土长的才能用，那么，夜光的珍珠不该装饰朝廷，犀角象牙的器具不该成为陛下的玩赏之物，郑卫两国的美女不该住满后宫，駃騠骏马不该装满外面的马厩，江南地区的铜、锡不该为陛下所用，西蜀一带的丹青，不该用作宫廷彩饰。如果用来装饰后宫、陈设充满廷堂、娱乐心意、悦人耳目的这些东西，一定要生产在秦国的才可用，那么，嵌着宛珠的簪子，镶着小珠的耳环，东阿丝绸的衣服，锦绣的边饰，就不该进呈到您的面前。还有那些打扮时兴、姿态优雅、妖艳苗条的赵国姑娘就不该站立在您的身边。敲打着瓦瓮瓦钵，弹着竹筝，拍着大腿，哇哇地歌唱呼喊，让人耳目快乐，这才真是秦国的音乐。郑国、卫国的民间歌曲，舜的《韶》《虞》，周的《武》《象》，这些是外国的音乐。如今陛下抛弃秦国地道的敲打瓦器的音乐而欣赏郑卫的音乐，撤走秦国的竹筝而选择《韶》《虞》的乐曲，这样做是为什么呢？为了眼前的称心快意、恰好满足观赏的需要罢了。如今用人却不肯这样做，不问适宜不适宜，不论正确不正确，只要不是秦国人就要他离开，只要是客籍人就赶走。那么，这就说明，您所重视的是女色、音乐、珍珠、宝玉，而所轻视的则是人才百姓了。这可不是用来统一天下、制服诸侯的策略啊。

我听说，土地广粮食就丰富，国家大人口就众多，武器精良将士就勇敢。因此，泰山不拒绝土壤，所以能够成就它的高大；江河湖海不挑剔细流，所以能够成就它的深广；有志建立王业的人不嫌弃百姓，所以能够光大他的道德事业。因此，地不分东西南北，民不分本国外籍，才能够四季都富庶美好，鬼神降福赐运。这是五帝、三王无敌于天下的根本原因。如今陛下您竟然抛弃百姓使其去资助敌国，拒绝宾客使其去辅助诸侯成就功业，使得天下有才能的人都退缩畏惧，不敢向西，停住脚步，不进入秦国。这种做法就叫做送给敌寇武器、送给强盗粮食啊。

“物资不出产在秦国，珍贵的有很多；贤士不出生在秦国，愿意效忠秦国的不少。如今驱逐客籍人去帮助敌国，减损百姓去增加对手的力量，对内使得国家空虚，对外在诸侯各国树立仇怨，想求得国家没有危险，是办不到的啊！”

秦王（看了李斯的奏章）便撤销逐客的命令，恢复了李斯的官职。

【赏析】

李斯上书在秦王政十年（前237）。在这之前，韩国使水工郑国来秦，劝秦王大规模兴修水利，企图消耗秦的国力，以免对韩用兵。这事被发觉后，秦王接受宗室大臣的建议，下令驱逐所有的外籍官员。客卿李斯闻讯，便上书劝谏。秦王读了李斯的奏章，采纳了李斯的意见，取消了逐客令，可见本文说服力之强。

文章从历史事实说起，历数客对秦国的贡献，并以不拒他国的珍宝器物与逐客相对比，归纳指出逐客的危害性，说理充分，论证有力，使秦王不能不除逐客之令。行文中，多用排句，善于比喻，语言形象，音节铿锵。

孔子世家赞①

太史公曰：《诗》有之："高山仰止，景行行止②。"虽不能至，然心乡③往之。余读孔氏书，想见其为人。适鲁，观仲尼庙堂、车服、礼器④，诸生⑤以时习礼其家，余低回⑥留之，不能去云。天下君王，至于贤人，众矣，当时则荣，没则已焉。孔子布衣⑦，传十余世，学者宗之。自天子王侯，中国言六艺者，折中于夫子，可谓至圣矣！

【作者】

司马迁(约前145—?)：西汉史学家、文学家、思想家。字子长，夏(今陕西韩城南)人。司马谈的儿子。少年好学，二十岁以后，游踪几乎遍及全国，考察风俗，采集传说。武帝元封三年(前108)，继父职任太史令，有机会阅览政府所藏的大量书籍。太初元年(前104)，开始着手编写史书。天汉二年(前99)，因替李陵辩解，得罪下狱，身受腐刑，出狱后任中书令，发愤继续完成所著史籍。人们原称此书为《太史公书》，后来称为《史记》。

【注释】

①《孔子世家》：记载孔子生平活动和思想的文章。 ②这两句诗见《诗·小雅·车辖》。高山：比喻道德崇高。景行(xíng)：大路，比喻行为正大光明。止：语助词。 ③乡：同"向"。 ④仲尼：孔子的字。车服：车子、衣服。礼器：祭祀用的器具。 ⑤诸生：许多儒生。 ⑥低回：恭敬地徘徊。 ⑦布衣：老百姓。

【译文】

太史公说，《诗经》上有这样的话："巍峨的高山啊，让人仰望；宽广的大道啊，引人前行。"我虽然不能到达那里，可是心里向往着它。我读孔子的著作，由推理可以知道他的为人。到了鲁国，参观孔子的庙堂、车服、礼器，又见儒生们在他家里按时演习礼仪，我徘徊留恋，舍不得离开。天下的君王，以及道德才能出众的人，是很多的，他们当时十分荣显，死后就销声匿迹了。孔子是一个普通百姓，传了十多代，仍然被读书人尊崇。从天子王侯起，到全国研究《六经》的人，都把孔子言论作为判断是非的依据，可以说孔子是道德学问最了不起的人了。

【赏析】

这篇短文是《史记·孔子世家》篇后的赞语，文中洋溢着司马迁对孔子的无限敬仰之情。文笔简洁，含义深广。

货殖列传序(节选)

《老子》曰①："至治之极，邻国相望，鸡狗之声相闻，民各甘其食，美其服，安其俗，乐其业，至老死不相往来。"必用此为务，輓近世涂民耳目②，则几无行矣。

太史公曰：夫神农以前，吾不知已③。至若《诗》、《书》所述虞、夏以来，耳目欲极声色之好，口欲穷刍豢④之味，身安逸乐，而心夸矜势能之荣，使俗之渐⑤民久矣，虽户说以眇论⑥，终不能化。故善者因之，其次利道⑦之，其次教诲之，其次整齐之，最下者与之争。

故曰："仓廪实而知礼节，衣食足而知荣辱。"礼生于有而废于无⑧。故君子富，好行其德；小人富，以适其力。渊深而鱼生之，山深而兽往之，人富而仁义附焉。富者得势益彰，失势则客无所之⑨，以而不乐。谚曰："千金之子，不死于市。"此非空言也。故曰："天下熙熙，皆为利来；天下壤壤，皆为利往⑩。"夫千乘之王⑪，万家之侯⑫，百室之君⑬，尚犹患贫，而况匹夫编户之民乎⑭！

【注释】

①《老子》：书名。又称《道德经》，相传为春秋末期老聃著。

②輓：通“挽”。涂：堵塞。　③已：同“矣”。　④刍豢(chú huàn)：指牲畜，泛指肉类食物。　⑤渐(jiān)：浸染。　⑥眇(miǎo)论：微妙的道理。这里指老子的言论。　⑦道：同“导”。引导。　⑧有：富有。无：没有。　⑨之：往。　⑩熙熙、壤壤：都是形容人来人往，非常热闹拥挤。壤，通“攘”。　⑪千乘之王：指天子。　⑫万家之侯：指诸侯。　⑬百室之君：指大夫。　⑭匹夫：平民百姓。编户之民：编入户籍的老百姓。

【译文】

《老子》说：“天下治理得最好的时候，邻国的人互相望见，鸡鸣狗吠的声音能互相听到，老百姓满足他们的饮食，喜欢他们的穿着，安于他们的风俗，乐于从事他们的职业，到老到死也不相互来往。”如果一定以老子所说的方式去生活，企图挽回近世的风俗，堵塞百姓的耳目，那么几乎是行不通的。

太史公说：神农以前的事，我不知道。至于《诗》《书》上所记述的，自虞、夏以来，人们的耳目都想尽情享受声色的美好，口里都想尽量品尝各种肉类的滋味，身体贪图安逸快乐，而心里夸耀权势与才能的光荣。这些浸染民心很久了，即使用老子讲的微妙道理去逐家逐户地劝说，也终究不能改变他们。因此，最好的办法是顺其自然，其次是用利益去引导他们，再次是教育他们，然后就是制定法规去约束他们，最下等的办法是和他们争利。

所以说：“仓廪实而知礼节，衣食足而知荣辱。”礼节产生于富有，废弛于贫穷。所以君子富有，喜欢实行仁义之事；小人富有，能够把力量用在适当的地方。潭深，鱼就自然生长在那里；山深，野兽就会到那里去；人富有了，仁义就会依附在他们身上。富有的人得到权势就更加显赫；失掉权势，作客都无处可去，因而不愉快。谚语说：“千金之子，不死于市。”这并不是空话啊。所以说：“天下熙熙，皆为利来；天下攘攘，皆为利往。”即使有千乘兵车的天子，有万家封地的诸侯，有百家封地的大夫，尚且担心贫穷，何况是平民百姓呢？

【赏析】

本文是《史记·货殖列传》的序。主要是论述货殖的重要性，反映了司马迁卓越的经济思想。

太史公自序(节选)

太史公曰："先人[①]有言：'自周公卒五百岁而有孔子。孔子卒后至于今五百岁，有能绍明世[②]，正《易传》，继《春秋》，本《诗》、《书》、《礼》、《乐》之际？'意在斯乎！意在斯乎！小子[③]何敢让焉。"

于是论次其文。七年，而太史公遭李陵之祸，幽于缧绁。乃喟然而叹曰："是余之罪也夫？是余之罪也夫？身毁不用矣！"退而深惟曰："夫《诗》、《书》隐约者，欲遂其志之思也。昔西伯拘羑里，演《周易》[④]；孔子厄陈、蔡，作《春秋》[⑤]；屈原放逐，著《离骚》；左丘失明，厥有《国语》[⑥]；孙子膑脚，而论兵法[⑦]；不韦迁蜀，世传《吕览》[⑧]；韩非囚秦，《说难》、《孤愤》[⑨]；《诗》三百篇，大抵贤圣发愤之所为作也。此人皆意有所郁结，不得通其道也，故述往事，思来者。"于是卒述陶唐[⑩]以来，至于麟止，自黄帝始。

【注释】

①先人：这里指司马迁的父亲司马谈。　②绍：继承。明世：政治清明的时代。　③小子：古时自称，谦词。　④"昔西伯拘"句：相传文王被商纣王拘禁在羑里时，推演《易经》的八卦为六十四卦，即《周易》。　⑤"孔子句"：孔子曾被围困在陈、蔡，回鲁国后作《春秋》。　⑥"左丘"二句：左丘，即春秋时鲁国史官左丘明。据说他失明后写成《国语》一书。　⑦"孙子"二句：战国时，庞涓忌妒孙膑的才能，将孙膑骗到魏国，截去他的膝盖。后来孙膑逃到齐国，被齐威王任命为军师，最终打败了庞涓。　⑧"不韦"二句：吕不韦做丞相时，曾召集门下宾客编写《吕氏春秋》一书，

也称《吕览》。 ⑨韩非：战国末期法家代表人物。《说难》《孤愤》是《韩非子》中的两篇。 ⑩陶(yáo)唐：即唐尧。

【译文】

太史公说："先人曾经说过：自周公死后五百年就有孔子。孔子死后到今天五百年了，有谁能够考订《易传》，续写《春秋》，探求《诗》、《书》、《礼》、《乐》的本原呢？它的意思就在于此吧！我怎敢推辞呢！"

于是我就编写这些文章。到了第七年，我突然遭逢李陵之祸，被囚禁牢中。于是喟然长叹，说："这是我的罪过吗？这是我的罪过吗？我的身体被毁坏，没什么用了！"退而深思道："《诗》、《书》含义隐微而言辞简约的地方，都是作者想表现自己的意志而深思的地方。从前文王被拘禁在羑里，推演了《周易》；孔子在陈、蔡被围困，作了《春秋》；屈原遭到放逐，著作了《离骚》；左丘失明，著了《国语》；孙膑受了膑刑却研究了兵法；吕不韦被贬到蜀地，世上才流传《吕览》；韩非被囚禁在秦国，写下《说难》、《孤愤》；《诗经》三百篇，大多是圣贤抒发愤懑而作的。这些人是志向被压抑，不能实现他们的主张，所以记述往事，考虑未来。"于是我就记述了陶唐以来的事情，上从黄帝开始，下到今上猎获白麟的那一年为止。

【赏析】

《太史公自序》是司马迁为《史记》作的序，排在全书最后。节选部分表达了他作《史记》的决心和发愤著书的精神。

过秦论(上)

贾谊[①]

秦孝公据殽、函之固[②]，拥雍州之地，君臣固守，以窥周室[③]；有席卷天下、包举宇内[④]、囊括四海之意，并吞八荒[⑤]之心。当是时也，商君[⑥]佐之，内立法度，务[⑦]耕织，修守战之具，外连衡[8]而斗诸侯。于是秦人拱手而取西河之外[9]。

孝公既没[10]，惠文、武、昭[11]蒙故业，因遗策，南取汉中，西举巴、蜀，东割膏腴[12]之地，北收要害之郡。诸侯恐惧，会盟而谋弱秦，不爱珍器、重宝、肥饶之地，以致[13]天下之士，合从缔交，相与为一。当此之时，齐有孟尝，赵有平原，楚有春申，魏有信陵。此四君者，皆明智而忠信，宽厚而爱人，尊贤而重士，约从[14]离横，兼韩、魏、燕、楚、齐、赵、宋、卫、中山之众。于是六国之士，有宁越、徐尚、苏秦、杜赫之属[15]为之谋，齐明、周最、陈轸、召滑、楼缓、翟景、苏厉、乐毅之徒通其意，吴起、孙膑、带佗、兒良、王廖、田忌、廉颇、赵奢之伦制其兵[16]。尝以什倍之地、百万之众，叩关而攻秦[17]。秦人开关而延敌，九国之师，逡巡遁[18]逃而不敢进。秦无亡矢遗镞[19]之费，而天下诸侯已困矣。于是从散约解，争割地而赂秦。秦有余力而制其弊，追亡逐北[20]，伏尸百万，流血漂橹[21]，因利乘便，宰割天下，分裂河山，强国请服，弱国入朝。

延及孝文王、庄襄王[22]，享国之日浅，国家无事。及至始皇，奋六世之余烈[23]，振长策而御宇内，吞二周[24]而亡诸侯，履至尊而制六合[25]，执敲扑以鞭笞天下[26]，威振四海。南取百越[27]之地，以为桂林、象郡；百越之君，俯首系颈[28]，委命下吏。乃使蒙恬北筑长城而守藩篱[29]，却[30]匈奴七百余里，胡人不敢南下而牧马，士不敢弯弓而报怨。于是废先王之道，燔百家之言[31]，以愚黔首[32]。隳[33]名城，杀豪俊，收天下之兵聚之咸阳，销锋鍉[34]，铸以为金人十二，以弱天下之民。然后践华[35]为城，因河为池[36]，据亿丈之城，临不测[37]之溪以为固。良将劲弩，守要害之处；信臣精卒，陈利兵而谁何[38]！天下已定，始皇之心，自以为关中之固，金城[39]千里，子孙帝王万世之业也。

始皇既没，余威震于殊俗[40]。然而陈涉[41]瓮牖绳枢之子[42]，氓隶[43]之人，而迁徙之徒[44]也。材能不及中庸，非有仲尼、墨翟之贤，陶朱、猗顿[45]之富，蹑足行伍之间[46]，倔起阡陌[47]之中，率罢弊[48]之卒，将数百之众，转而攻秦。斩木为兵，揭竿为旗。天下云集而响应，赢粮而景[49]从，山东[50]豪俊，遂并起而亡秦族矣。

且夫天下非小弱也。雍州之地，殽、函之固，自若也。陈涉之位，不尊于齐、楚、燕、赵、韩、魏、宋、卫、中山之君也；锄櫌、棘矜[51]，不铦于钩、戟、长铩也[52]；谪戍之众，非抗于九国之师也；深谋远虑，行军用兵之道，非及曩时[53]之士也。然而成败异变，功业相反。试使山东之国与陈涉度长絜[54]大，比权量力，则不可同年而语矣。然秦以区区之地，致万乘之权，招八州而朝同列[55]，百有余年矣。然后以六合为家，殽函为宫。一夫作难而七庙[56]D，身死人手，为天下笑者，何也？仁义不施，而攻守[57]之势异也。

【注释】

①贾谊(前200—前168)：洛阳人，汉文帝时杰出的政治家和文学家。《过秦论》分为上、中、下三篇，这是上篇。 ②秦孝公：战国时秦国国君(前361—前338在位)。他任用商鞅，施行新法，秦国富强。殽、函：指殽山和函谷关。 ③窥：探视。周室：周王朝。 ④宇内：天下。 ⑤八荒：又称八方，很远的地方。 ⑥商君：商鞅。 ⑦务：致力。 ⑧连衡：也作“连横”。 ⑨拱手：拱着手，形容很不费力。西河之外：魏国在黄河以西的一带土地。 ⑩没：通“殁”，死。 ⑪惠文：惠文王，秦孝公之子，名驷。武：秦惠王之子，名荡。昭：昭襄王，秦武王之弟，名则。 ⑫膏腴(yú)：肥沃的土地。 ⑬致：招致。 ⑭约从：相约合纵。

⑮属：类。　⑯伦：辈、类。制：管束。　⑰叩关：攻打函谷关。叩：击。　⑱遁(dùn)：逃走。　⑲矢：箭。镞：箭头。　⑳亡：逃跑。此处用作名词。北：败逃的军队。　㉑橹：古代的兵器，即大盾、大戟。　㉒孝文王：昭襄王之子，在位仅一年。庄襄王：孝文王之子，在位三年。　㉓六世：孝公、惠文王、武王、昭襄王、孝文王、庄襄王。余烈：遗留的功业。　㉔二周：指战国末年的西周和东周。　㉕履：登上。至尊：至高无上的帝位，指天子之位。六合：上、下及东、南、西、北四方，指天下。　㉖敲、扑：古代鞭打犯人的刑具。鞭、笞(chī)：用鞭子抽打。　㉗百越：当时散居南方各地部落的总称。　㉘俯首：低下头，比喻顺从。系颈：用绳子拴在颈上，表示降服。　㉙藩篱：用竹木编成的篱笆或围栏，这里引申为屏障。　㉚却：退。　㉛燔(fán)：焚烧。百家之言：诸子百家的著述。　㉜黔首：指百姓。　㉝隳(huī)：毁坏。　㉞销：熔化金属。锋：兵器锐利的部分。鍉，一作“镝”，箭头。锋鍉，代指兵器。　㉟华：华山。　㊱河：黄河。池：城下的护城河。　㊲不测：不可测量，这里是说河水又深又急。　㊳谁何：谁敢如何，意思是谁敢怎么样。　㊴金城：指坚固的城。　㊵殊俗：指风俗不同的地区。　㊶陈涉：即陈胜，秦末农民起义领袖之一。

㊷瓮牖绳枢：用破瓮做窗户，用草绳系着门枢，比喻穷苦人家。此句意指陈涉出身贫寒。　㊸氓隶：古时对劳动人民的贬称。　㊹迁徙之徒：被征发戍边的人。　㊺陶朱：即范蠡，越王勾践的大夫，后辞官到陶地去经商，成为巨富，自称陶朱公。猗顿：春秋时鲁人。　㊻蹑(niè)足：置身。行伍：泛指军队。　㊼倔起：倔，通“崛”，突起。阡陌：田间小路。这里指民间。　㊽罢(pí)：通“疲”。　㊾赢：负担。景(yǐng)：同“影”。　㊿山东：指殽山、函谷关以东原来六国的广大地区。　51耰(yōu)：用来平整田土或击碎土地的农具。棘矜：戟柄。棘，通“戟”。　52铦(xiān)：锋利。铩(shā)：长矛。　53曩(nǎng)时：从前。　54絜(xié)：审度，比较。　55八州：古时天下分为九州，秦居雍州，六国分别居于其他八州。　56七庙：王朝的代称。　57攻：出击。守：防卫。

【译文】

秦孝公占据着殽山和函谷关的险要地势，拥有雍州的土地，君臣牢固地守卫着，伺机夺取周王朝的政权，有征服天下、统一中国、控制四海的企图，并吞八方的雄心。正当这个时候，商君辅佐他，国内建立了法规制度，致力发展农耕纺织，修造防守和进攻的武器；对外推行连横策略，使诸侯互相争斗。因此，秦国轻而易举地取得了黄河以西的大片土地。

孝公死后，惠文王、武王、昭襄王，继承了原来的基业，沿袭奉行孝公的策略，向南夺取了汉中，向西攻取了巴蜀，向东占据了肥沃的田地，向北征服了险要的郡县。诸侯们都恐慌害怕起来，集会结盟，想办法削弱秦国。他们不惜用珍贵的器物和富饶的土地来招纳天下的贤士，采用合纵的策略缔结盟约，成为一体。这个时候，齐国有孟尝君，赵国有平原君，楚国有春申君，魏国有信陵君。这四君，都是明智又讲求忠信、为人宽厚又爱护别人、尊敬而又重用贤士的人。他们相约“合纵”拆散“连横”，集合了韩、魏、燕、楚、齐、赵、宋、卫和中山等国的力量。这时，六国的贤能人士，有宁越、徐尚、苏秦、杜赫等人给他们出谋划策；齐明、周最、陈轸、召滑、楼缓、翟景、苏厉、乐毅等人沟通各国的意见，吴起、孙膑、带佗、倪良、王廖、田忌、廉颇、赵奢等人统率各国的军队。他们曾经用十倍于秦的土地，上百万的大军，去攻打函谷关进攻秦国。秦国人敞开关门迎击敌人，九国的大军四处逃散，不敢入关。秦国没有丢掉一支箭、损失一个箭头，可是天下的诸侯已经困苦不堪了。于是合纵阵线解散，大家抢着割让土地贿赂秦国。这就让秦国有足够的力量利用他们的这一弊端，追杀败退逃跑的军队，一路上躺着上百万的败兵尸首，流的血多得把盾牌也漂了起来。秦国凭借着有利的形势，割取天下的土地，把诸侯搞得四分五裂，强国请求臣服，弱国赶来朝拜。

传到孝文王和庄襄王，他们在位的日子短，秦国没有发生什么重大的事。等到了秦始皇的时候，他发扬六代祖先遗留下来的功业，挥动长鞭子驾驭全中国，吞并了西、东二周，灭亡了诸侯国，登上了皇帝宝座，统一天下，用严峻的刑罚奴役百姓，威势震动四海。他又向南夺取了百越的土地，改设为桂林郡和象郡，百越的君主低着头，脖子上系着绳子，把性命交给秦国的官吏摆布。又派蒙恬在北方筑长城，守卫边境，使匈奴退却七百多里。匈奴人不敢南下牧马，勇士不敢张弓来报仇。接着他废除了先王治国之道，烧毁了诸子百家的书籍，以愚昧百姓；拆毁高大的城墙，杀掉六国的豪杰之士，没收天下的兵器聚集到咸阳，熔化这些兵刃和箭头，铸成十二个金人，用以削弱天下的百姓。然后把华山当作城墙，拿黄河当作护城河，据守着亿丈的城楼，面临深急的河水，以为这样就很坚固了。优秀的将领和强劲的弓弩，把守着要害的地方；可靠的臣子和精锐的兵卒，摆出锋利的武器，谁又敢怎样！天下已经平定，秦始皇的心中，自己也认为关中这样的险固地势，又有坚固的城防千里相连，这是子子孙孙称帝为王的永久基业啊！

秦始皇死后，余威震慑边远的地区。然而，陈涉不过是一个贫寒人家子弟，一个地位卑贱、被征发去守卫边境的士兵。论才能不如普通的人，没有孔子、墨子的德行，也没有陶朱、猗顿的富有。他跻身在戍边队伍之中，突然从田野里发难起事，率领疲惫不堪的士卒，带着几百个人的队伍，调转头来进攻秦军。他们砍木作为兵器，举起竹竿当作旗帜，天下百姓结集成群，纷纷响应，并且带着粮食，像影子似地跟随着他，殽山以东的豪杰，于是同时起事把秦王朝灭了。

秦朝的天下，并没有比以前小，并没有比以前弱，雍州的地势，殽山、函谷关的险固，都还像过去一样；陈涉的地位，并不比齐、楚、燕、赵、韩、魏、宋、卫、中山的国君尊贵；锄头木棒，并不比钩戟长矛锋利；这些被征调去戍边的人，无法和九国的军队相抗衡；深谋远虑、行军用兵的方法，也不如从前那些谋士勇将。然而，成功和失败起了变化，功业相反。如果叫山东六国诸侯跟陈涉比比长短、大小，比较权势、力量，那么就更不能相提并论了。秦国凭借着那块小小的地方，发展到兵车万乘的国力，统一全国而使地位相同的诸侯朝拜，经过了一百多年，然后才把天下变为家业，把殽山、函谷关变成内宫，可是一个普通的人起义，王朝就被灭亡，皇子皇孙都死在别人手里，被天下人耻笑。这是什么原因呢？因为不施行仁政，而使攻守的形势不同了啊！

【赏析】

本文介绍了秦国如何走向强盛，轻而易举地击败九国诸侯，吞并天下，最后却被斩木为兵的农民起义军一举推翻，从而归结出秦亡的原因："仁义不施，而攻守之势异也。"文章气势磅礴，如长河巨浪汹涌澎湃，而又松紧有致，先扬后抑，姿态横生。排句的运用，也加强了文章的气势。

兰亭集序

王羲之①

永和九年②，岁在癸丑③，暮春之初④，会于会稽山阴之兰亭⑤，修禊⑥事也。群贤毕至⑦，少长咸⑧集。此地有崇山峻岭，茂林修⑨竹；又有清流激湍⑩，映带左右⑪，引以为流觞曲水⑫。列坐其次⑬，虽无丝竹管弦之盛⑭，一觞一咏⑮，亦足以畅叙幽情⑯。是日也，天朗气清，惠风和畅，仰观宇宙之大，俯察品类⑰之盛，所以游目骋怀⑱，足以极视听之娱，信可乐也。

夫人之相与⑲，俯仰⑳一世，或取诸怀抱㉑，晤言㉒一室之内；或因寄所托，放浪形骸㉓之外。虽取舍万殊，静躁不同㉔，当其欣于所遇，暂得于己，快然自足，曾不知老之将至。及其所之既倦㉕，情随事迁，感慨系之矣。向之所欣，俯仰之间㉖，已为陈迹，犹不能不以之兴怀㉗。况修短随化㉘，终期于尽。古人云："死生亦大矣。"岂不痛哉！

每览昔人兴感之由，若合一契㉙，未尝不临文嗟悼，不能喻之于怀㉚。固知一死生为虚诞，齐彭殇为妄作㉛。后之视今，亦犹今之视昔。悲夫！故列叙时人，录其所

述，虽世殊事异，所以兴怀，其致[32]一也。后之览者，亦将有感于斯文。

【注释】

①王羲之：字逸少，会稽人，东晋著名的书法家，后代称其为“书圣”。 ②永和九年：公元353年。永和，晋穆帝年号。 ③岁在癸丑：这年按干支纪年属于癸丑年。 ④暮春之初：农历三月初。 ⑤会(kuài)稽：郡名，郡治设在山阴(今浙江绍兴县)。兰亭：在今绍兴县西南二十七里的兰渚山麓。 ⑥修禊(xì)：古代习俗，在三月上旬的巳日(魏以后始固定为三月三日)到水边嬉游，以消除不祥，叫修禊。禊，是古人消除不祥的祭礼。 ⑦毕至：都到了。 ⑧咸：全，都。 ⑨修：高，长。 ⑩激湍：流势急猛的水。 ⑪映带：景物互相映衬。 ⑫流觞(shāng)：把漆制酒杯盛酒放在曲水上，循流而下，杯子停在某人前，某人就取杯饮酒，称为流觞。觞：酒杯。曲水：环曲的水流。 ⑬列坐其次：在曲水边依次就座。次：处所，地方。 ⑭丝、弦：指琴瑟一类弦乐器。竹、管：指箫笛一类管乐器。 ⑮一觞一咏：指饮酒和咏诗。 ⑯幽情：深远或高雅的情思。 ⑰品类：指天地万物。 ⑱游目：放眼远眺。骋(chéng)怀：放开胸怀。骋：奔驰，放任。 ⑲相与：互相生活在一起。 ⑳俯仰：低头和抬头。这里有交往的意思，一说形容时间短。 ㉑诸：之于。怀抱：思想抱负。 ㉒晤言：对面谈话。 ㉓放浪：放纵。形骸：身体。 ㉔殊：不同。静躁：指性情的安静和急躁。 ㉕所之既倦：对于追求的东西已经厌倦。 ㉖俯仰之间：低头抬头之间，形容时间极短。 ㉗以之兴怀：因它而心中引起感触。 ㉘化：造化，指天地、自然。 ㉙契：古代一种合同文书，左右二份，中间切断，双方各执其一，作为凭信。后人常以契比喻极相符合。 ㉚喻之于怀：从心里理解明白它。 ㉛一、齐：均作动词，是看成一样、视为等同的意思。彭：指彭祖，传说他生活在虞、夏、商三代，活了八百岁(一说七百岁)。殇(shāng)：未成年而死。 ㉜致：情致。

【译文】

永和九年是癸丑年三月初，友人们在会稽山阴县的兰亭聚会，做禊事。各种贤人、老少聚集在一起。这地方有高山，茂盛的树木，修长的竹子，还有清水急流，交相辉映，环绕兰亭两侧。我们引溪流作为流觞的曲水，大家在曲水边排列就座，虽然没有琴瑟箫笛演奏的繁盛场面，但饮酒几杯，赋诗几首，也足以欢畅地表述幽雅的情意。那天，天气晴朗清新，和风温暖舒适，抬头仰望宇宙的浩天，低头审察万物的繁多，借以放开眼界，舒畅胸怀，足够用来极尽视听的欢愉，真是高兴啊！

人与人互相交往，很快便度过一生。有的倾吐胸中抱负，在室内对面畅谈；有的把思想感情寄托在爱好的事情上，不受约束，放纵游乐。虽然人们的要求或舍弃千差万别，安静或急躁的性情相反，但当他们对于所接触的事情感到高兴，自己所需要的暂时得到了，欢快地感到满足的时候，竟然忘记了衰老即将到来。等到对于向往的东西已经厌倦，情绪随着事物和环境的变迁而改变，接着就产生感慨了，原先喜爱的，转眼之间成为陈旧的遗迹，还不能不因为它而激起心中的感触。况是人生长短，完全听凭造化安排，终归要走到尽头呢！古人说："生死也是人生一件大事啊。"难道不令人悲痛吗？

我观察古人发生感慨的原因，往往像符契一样相合。面对古人那些文章我总是感叹悲伤，我自己心里也不明白是什么原因。本来知道把死和生看成一样是不真实的，把长寿和短命等同起来是妄造的。后人看待今人，也就像今人看待前人一样，这真可悲啊！所以逐一记下此时参加兰亭集会的人，抄录他们所作的诗赋，以便流传将来。虽然时代不同，世事有别，但是触发人们情怀的原因则是一样的。后人也将对这篇文章有同样的感慨。

【赏析】

晋穆帝永和九年(353)，王羲之等人在兰亭举行了一次著名的诗酒集会，与会者临流赋诗，各抒怀抱，抄录成集。本文是诗集的序言。本文阐述了"死生亦大矣"的观点，在一定程度上批判了当时盛行的"一死生""齐彭殇"的老庄哲学观点，于悲伤感慨中透露出对生活的热爱。

归去来辞

陶渊明①

归去来兮②，田园将芜，胡不归！既自以心为形役③，奚惆怅而独悲！悟已往之不谏④，知来者之可追。实迷途其未远，觉今是而昨非。舟摇摇以轻飏⑤，风飘飘而吹衣。问征夫以前路，恨晨光之熹微⑥。乃瞻衡宇⑦，载⑧欣载奔。僮仆欢迎，稚子候门。三径⑨就荒，松菊犹存。携幼入室，有酒盈樽。引壶觞以自酌，眄庭柯⑩以怡颜。倚南窗以寄傲，审容膝⑪之易安。园日涉以成趣，门虽设而常关。策扶老以流憩⑫，时矫首而遐观⑬。云无心以出岫⑭，鸟倦飞而知还。景翳翳⑮以将入，抚孤松而盘桓⑯。

归去来兮，请息交以绝游。世与我而相遗⑰，复驾言兮焉求⑱！悦亲戚之情话，乐琴书以消忧。农人告余以春及，将有事于西畴⑲。或命巾车⑳，或棹㉑孤舟。既窈窕以寻壑㉒，亦崎岖而经丘。木欣欣以向荣，泉涓涓而始流。善万物之得时，感吾生之行休。

已矣乎！寓形宇内复几时，曷不委心任去留！胡为遑遑欲何之？富贵非吾愿，帝乡㉓不可期。怀良辰以孤往，或植杖而耘耔㉔。登东皋㉕以舒啸。临清流而赋诗。聊乘化以归尽，乐夫天命复奚疑！

【注释】

①陶渊明（？365—427）：一名潜，字元亮，浔阳柴桑（今江西九江县西南）人。　②归去来：即归去吧。　③心为形役：心灵受形体的奴役，指违背自己的心愿去做官。形：形体。　④谏：经劝告得到纠正。　⑤轻飏（yáng）：形容船在水面上很轻快地前进。　⑥熹（xī）微：天刚亮，阳光微薄的样子。　⑦衡宇：横木为门的

简陋房屋。衡：横。 ⑧载：又，且。 ⑨三径：庭院里的小路。西汉末年，王莽篡夺政权，蒋诩免官回家，在院子里的竹林下开了三条小路，只同几个高雅的人往来。 ⑩眄(miǎn)：斜视。柯：树枝。 ⑪容膝：仅能容纳两膝，形容屋子狭小。 ⑫策：扶、拄。扶老：拐杖。流憩(qì)：到处走走歇歇。 ⑬矫首：举首，抬头。遐观：远望。 ⑭岫(xiù)：山峰。 ⑮景：日光。翳(yì)翳：昏暗的样子。 ⑯盘桓：徘徊，流连。 ⑰相遗：相弃。形容自己不合世俗。"遗"一作"违"。 ⑱驾：驾车。焉求：何求，追求什么。 ⑲畴(chóu)：田地。 ⑳巾车：有帷幕的车子。 ㉑棹(zhào)：船桨。这里用作动词。 ㉒窈窕(yǎo tiǎo)：幽深曲折。壑(hè)：山谷。 ㉓帝乡：天帝所住的地方，即仙境。 ㉔植杖：把杖直插在田边。耘：除草。耔：培苗。 ㉕皋(gāo)：水边高地，山岗。

【译文】

回去啊！田园快要荒芜了，为什么不回去！既然自己使心灵受形体的奴役，为什么还失意而独自伤悲！明白过去的事已不能改正，知道将来的事还可以挽回。实在是走入迷途还不很远，觉悟到今天辞官正确而过去不对。小船在水面上轻快地前进，微风吹拂着衣襟，向行人打听前面的道路，遗憾的是天亮得太慢。远远地望见了自己的简陋屋宇，高兴得直向前奔。仆人们欢欢喜喜出来迎接，孩子们等候在屋门。院子里的小路已快要荒芜，松树和菊花却还保存着。携着孩子走进屋里，有酒满满的一樽。拿起酒壶酒杯自斟自饮，观赏着庭中树木而脸色欢欣。靠着南窗寄托怡然自得的心境，深知这狭小的地方使我心安。园子里每天走一走很有趣味，屋子虽然有门却常常关紧。拄着拐杖悠闲地散步，不时抬头自由地望向远方。云气自然地从山峰冒起，鸟飞累了而知道回还。日色昏暗，太阳快要落山了，我抚摸着孤松徘徊流连。

回去啊！请让我同外人断绝交游。这世道同我的志趣不合，我还驾着车出去追求什么？亲戚们谈的知心话使我高兴，弹琴读书能使我忘记忧愁。农夫们告诉我春天来到了，该去耕种西边的田亩。有时坐着有帷幕的小车，有时独自划了一叶小舟，既要探寻那幽深曲折的山谷，又要走过那高低不平的山丘。树木欣欣向荣，泉水缓缓流动。羡慕那万物正得其时，感叹自己的生命行将走到尽头。

算了吧！形体寄托在天地间还能有几时？何不随着自己的心愿任情行动，为什么这样急急忙忙，还想到哪里去？富贵不是我的愿望，仙境也没有希望追寻。爱惜这美好的时光独自出去游玩，或者把手杖插在田中操劳农事。爬上东边的山岗放声长啸，走到清澈的溪边吟诗。姑且遵循着万物的自然变化走到生命的尽头，乐于顺从天命，还有什么可犹疑的呢！

【赏析】

本文是作者在41岁辞去彭泽令回家不久的时候写的，叙述了他弃官归田时一路上的心情，回家后的生活情趣和感受，表达了作者不愿违心混迹官场、热爱田园隐逸生活的情操。

滕王阁序(节选)

王勃[①]

南昌故郡，洪都新府[②]。星分翼轸，地接衡庐[③]。襟三江而带五湖[④]，控蛮荆而引瓯越。物华天宝，龙光射牛斗之墟[⑤]；人杰地灵，徐孺下陈蕃之榻[⑥]。雄州雾列，俊彩星驰。台隍枕夷夏之交，宾主尽东南之美。都督阎公之雅望，棨戟[⑦]遥临；宇文新州之懿范，襜帷[⑧]暂驻。十旬休暇，胜友如云[⑨]；千里逢迎，高朋满座。腾蛟起凤，孟学士之词宗[⑩]；紫电清霜，王将军之武库[⑪]。家君作宰[⑫]，路出名区；童子何知，躬逢胜饯[⑬]。

时维九月，序属三秋。潦水尽而寒潭清，烟光凝而暮山紫[⑭]。俨骖騑于上路[⑮]，访风景于崇阿[⑯]。临帝子之长洲，得仙人之旧馆[⑰]。层峦耸翠，上出重霄；飞阁流丹，下临无地。鹤汀凫渚，穷岛屿之萦回；桂殿兰宫，列冈峦之体势。披绣闼，俯雕甍[18]，山原旷其盈视，川泽盱其骇瞩[19]。闾阎扑地[20]，钟鸣鼎食之家[21]；舸舰迷津，青雀黄龙之轴[22]。虹销雨霁，彩彻云衢[23]，落霞与孤鹜齐飞，秋水共长天一色。渔舟唱晚，响穷彭蠡[24]之滨；雁阵惊寒，声断衡阳之浦[25]。

遥吟俯畅，逸兴遄飞[26]。爽籁发而清风生，纤歌凝而白云遏[27]。睢园绿竹[28]，气凌彭泽之樽；邺水朱华[29]，光照临川之笔[30]。四美具，二难并[31]。穷睇眄于中天[32]，极娱游于暇日。

【注释】

①王勃(？649—？676)：字子安，唐代绛州龙门(今山西稷山县)人。和当时的杨炯、卢照邻、骆宾王齐名，后人称为“初唐四杰”。今传有《王子安集》。 ②南昌故郡：应依别本作“豫章故郡”。南昌，今江西南昌市，汉代为豫章郡地。洪都：南昌的别称。南昌在唐初为洪州治所，故称洪都。 ③翼、轸(zhěn)：两个星座名。中国古代分星空为二十八区，每区一星座，称二十八宿。翼轸两星座为楚的分野。豫章古属楚地。衡庐：衡山和庐山。 ④襟三江而带五湖：以三江为襟，以五湖为带。 ⑤龙光：宝剑的光芒。牛、斗：两个星座名。墟：区域。 ⑥徐孺下陈蕃之榻：徐孺，即徐孺子，名徐稺(zhì)，东汉时豫章郡名士，陈蕃，东汉时有名的大臣。陈蕃做豫章太守时，不接待宾客，但是专门准备一榻接待徐稺，徐稺走了就把榻挂起。榻：一种狭长的矮床，可坐可卧。 ⑦棨(qǐ)戟：有丝绸套或经过油漆的木戟，古代官员外出时的前导仪仗。 ⑧襜(chān)帷：马车上的帐幔。这里代指车驾。 ⑨十旬：十天。休暇：一作“休假”。胜友：才德出众的友人。 ⑩腾蛟起凤：写出的文章好像蛟龙腾空，凤凰起舞，形容有很高的文才。孟学士：座中贵客。词宗：文章大师。词，指文辞，文章。 ⑪紫电清霜：兵器寒光闪闪，如紫电，如清霜。一说，紫电、清霜均为宝剑名。王将军：座中贵客。武库：本指储藏武器的仓库，这里比喻王将军精通兵法，善用各种武器。 ⑫家君：王勃

称他的父亲，犹家父。宰：县令。　⑬童子：王勃自称。饯：以酒食给人送行。　⑭潦水：雨后积水。烟光：指傍晚太阳映射在云霞上发出的光辉。　⑮俨（yǎn）：整治，收拾。骖（cān）、骓（fēi）：驾车的马，左称骖，右称骓。这里指车马。上路：大路。　⑯崇：高。阿（ē）：大的丘陵。　⑰帝子：指滕王李元婴。他是皇帝之子，故称帝子。旧馆：指滕王阁。　⑱披：推开。闼（tà）：门。甍（méng）：屋脊。　⑲盱（xū）：广大。一作“纡”（yū），曲折。瞩（zhǔ）：注视。　⑳闾阎：里巷的大门，这里指房屋。扑地：遍地，满地。　㉑钟鸣鼎食之家：指大家世族。　㉒青雀：船头作鸟雀形。黄龙：船头作龙形。轴：本作“舳（zhú）”，即船。　㉓虹销：一作“云销”。霁（jì）：雨停止。彩彻云衢：一作“彩彻区明”。衢（qú），四通八达的道路。区明，天空明朗。　㉔彭蠡（lǐ）：湖名。即今江西省的鄱阳湖。　㉕衡阳：衡山的南边。浦：水边，岸边。　㉖遥吟俯畅：一作“遥襟甫畅”，意为开阔的胸怀刚刚畅快。遄（chuán）：急速。　㉗籁：一种管乐器，即箫。遏（è）：停阻。　㉘睢园绿竹：睢（suī）园：西汉梁孝王刘武的阳兔园。园内多竹，刘武经常和他的宾客在其中宴饮作赋。　㉙邺水朱华：邺（yè），今河北临漳县，曹操为魏王时的都城。　㉚临川：在今江西省。这里是指南朝刘宋的著名诗人谢灵运，他当过临川内史。　㉛四美：指良辰、美景、赏心、乐事。二难（nán）：指贤主人、好宾客。　㉜睇（dì）、眄（miǎn）：意思都是斜看。这里指放眼上下左右，尽情观赏。

【译文】

南昌是过去汉代的豫章郡，又是新设的洪州都督府治所。它在翼、轸两星区的分野，地域连接着衡山和庐山。以三江为襟，以五湖为带；控制楚地，连接瓯越。这里有物类精华、天产珍宝，古剑的光芒直射牛、斗两个星区；人物英杰是因为地气灵秀，陈蕃专门准备一榻以接待徐孺。雄伟的州城云雾般紧凑排列，英俊的人物像流星来往奔驰。城池位于夷夏交接的地方，宾主都是东南地区的精英。阎都督声望儒雅，从远道前来镇守；宇文刺史风范美好，车驾暂且停留。十天一次的休假，才德出众的友人在这里云集；千里之远来相聚会，高贵的宾客坐满席位。文笔好像蛟龙腾空、凤凰起舞，孟学士是文章大师；兵器寒光闪闪，如电如霜，王将军的武略超群。父亲在南方当县令，我前往探望路过贵地，我年幼无知，竟有幸参加了这次盛会。

时值九月深秋，雨后积水已经干涸，冷冽的潭水十分清澈；落日余晖凝结，傍晚的山色一片青紫。收拾好车马在大路上行走，到高山上探访风景。来到当年滕王的长洲上，登上了这座仙人住过的楼阁，只见层层山峦一片苍翠，耸入云霄；凌空的楼阁、红色的阁道犹如飞翔在空中，从阁上看不到地面。仙鹤野鸭栖息的沙滩小洲，极尽岛屿曲折回环的景致；桂树兰木建造的宫殿，随着山势起伏而排列。推开彩绘的大门，低下头看雕饰的屋脊，山岭平原尽收眼底，湖川曲折令人惊叹。房屋遍地，均属富室贵家；船舶满江，都是龙舟雀舫。虹销雨止，彩霞照耀在云端。满天的落霞和孤寂的野鸟，仿佛齐头并飞；碧绿的秋水和蔚蓝的长空，好像融为一色。渔船上的歌声在晚空飘荡，一直传到鄱阳湖旁；雁群惊讶寒冷的来临，叫到衡山南面的水边。

远眺低吟，心情欢畅，兴致横飞。爽朗的箫声吹起，仿佛清风徐徐而生；悠扬的歌声凝结不散，白云也被阻住不飞。个个都像当年梁孝王睢园的宾客，能诗善饮，豪情超过了陶渊明；又像曹操父子门下的文士，能文善书，光彩可媲美谢灵运的笔锋。良辰、美景、赏心、乐事，这四件美事都齐备；贤德的主人，高贵的客人，这两件难得的事合在一起。大家尽情观赏天地间的美景，趁着空暇的日子痛快游乐。

【赏析】

本文题目原为《秋日登洪府滕王阁饯别序》，后人简称《滕王阁序》。这是宴会上的应酬之作，因而有不少毫无意思的应酬话，如对人、宾客的吹捧。但全文也表露了作者的抱负和怀才不遇的愤懑心情。文章除少数虚词以外，通篇使用对偶。句法以四字句、六字句为多，又几乎是通篇用典，显得典雅而工巧。

喜雨亭记

苏轼

亭以雨名，志[①]喜也。古者有喜，则以名物，示不忘也。周公得禾，以名其书[②]；汉武得鼎，以名其年[③]；叔孙胜敌，以名其子[④]。其喜之大小不齐，其示不忘一也。

予至扶风[⑤]之明年，始治官舍。为亭于堂之北，而凿池其南。引流种树，以为休息之所。是岁之春，雨麦于岐山之阳[⑥]，其占为有年[⑦]。既而弥月[⑧]不雨，民方以为忧。越三月，乙卯[⑨]乃雨，甲子[⑩]又雨，民以为未足。丁卯[⑪]大雨，三日乃止。官吏相与庆于庭，商贾相与歌于市，农夫相与忭[⑫]于野。忧者以喜，病者以愈，而吾亭适成。

于是举酒于亭上，以属客[⑬]而告之，曰："五日不雨可乎?"曰："五日不雨则无麦。""十日不雨可乎?"曰："十日不雨则无禾。""无麦无禾，岁且荐饥[⑭]。狱讼繁兴而盗贼滋炽[⑮]，则吾与二三子，虽欲优游以乐于此亭，其可得耶？今天不遗斯民，始旱而赐之以雨，使吾与二三子得相与优游而乐于此亭者，皆雨之赐也，其又可忘耶?"

既以名亭，又从而歌之，曰："使天而雨珠，寒者不得以为襦[⑯]；使天而雨玉，饥者不得以为粟。一雨三日，伊谁之力？民曰太守，太守不有，归之天子；天子曰不然，归之造物[⑰]；造物不自以为功，归之太空；太空冥冥[⑱]，不可得而名，吾以名吾亭。"

【注释】

①志：记。　②周公得禾，以名其书：周成王得一种"异禾"转送周公，周公遂作《嘉禾》一篇。　③汉武得鼎，以名其年：汉

武帝元狩六年夏，在汾水上得宝鼎，于是改元为元鼎元年。《通鉴考异》认为得宝鼎应在元鼎四年，元鼎年号是后来追改的。 ④叔孙胜敌，以名其子：春秋时，鲁文公十一年，北狄鄋(sōu)瞒国侵犯鲁国。叔孙等臣奉命抵抗，打败鄋瞒，俘获其国君侨如，于是将自己的儿子命名为侨如。 ⑤扶风：即凤翔府，今陕西省凤翔县。苏轼这时任凤翔府判官。 ⑥雨麦：天上下麦子。这是由龙卷风造成的。岐山之阳：岐山的南面。岐山：今陕西岐山县。 ⑦占：占卜。有年：丰年。 ⑧弥月：一整月。弥，满。 ⑨乙卯：当年四月初二。 ⑩甲子：当年四月十一日。 ⑪丁卯：当年四月十四日。 ⑫忭(biàn)：喜乐，欢欣。 ⑬属：同"嘱"。属客，指劝客饮酒。 ⑭荐饥：连年饥荒。 ⑮滋炽：增多并且势盛。 ⑯襦(rú)：短衣，此处代指所有衣服。 ⑰造物：造物主，即天。 ⑱冥冥：高远渺茫。

【译文】

亭子用"雨"来命名，是为了记载当时下雨这一件喜事。古时的人有了喜事，就用它来给物取名，表示永不忘记。周公得了"嘉禾"，用它作为他的书名；汉武帝得了鼎，用它作为他的年号；叔孙战胜了北狄，用北狄国君的名作为自己儿子的名。他们的喜事虽然大小不等，可是用它来表示永不忘记却是一致的。

我到扶风的第二年，开始修建官署。在厅堂北面建了个亭子，在南面开了个水池，引来了水，种上了树，当作休息的地方。这年春天，岐山南面下了麦雨，占卜说是个丰收年。接着，整整一个月没有下雨，老百姓才因此担忧起来。过了三月，到四月初二日(乙卯)才下雨，四月十一日(甲子)又下了雨，老百姓觉得没有下够。四月十四日(丁卯)又下大雨，连下了三天才停止。官吏们在厅堂上互相庆贺，商人们在街市上一起唱歌，农民们在田野上一起欢笑。担忧的人因此而高兴，患病的人因此而痊愈，而我的亭子也恰好造成了。

于是在亭子里摆上酒席，向客人劝酒并告诉他们这件事。我说："五天不下雨行吗?"客人说："五天不下雨就没有麦子。""十天不下雨行吗?”客人说:“十天不下雨就没有稻谷。”我说:“没有麦,没有稻,将会连年饥荒,诉讼案件就会接连发生,而且盗贼也会增多、猖獗。那么,我和你们几个人即使想要悠闲自在地在这亭子里玩乐,那能做得到吗?现在老天没有遗忘这里的百姓,刚刚出现旱情就赐给了雨。使我和你们几个人能够悠闲自在地在这个亭子里玩乐的,都是雨的赐予啊!这又怎能忘记呢?”

已经用“雨”给亭子命名,接着又歌唱道:“如果天上落下的是珍珠,寒冷的人不能用它做衣服;如果天上落下的是美玉,饥饿的人不能拿它当粮食。一连下了三天雨,这是谁的功劳呢?老百姓说是太守,太守认为没有这个功劳,归功于皇帝;皇帝说不是这样,归功于上天;上天不认为是自己的功劳,归功于太空;太空渺渺茫茫,不可能给它命名,我就用‘喜雨’来叫我的亭子。”

【赏析】

这篇散文紧扣“喜雨亭”三个字来写,或分写,或合写,或引古代史实来烘托,或用主客问答来渲染,思路开阔,文情荡漾,传达出一种情不自禁的喜悦之情。

沧浪亭记

归有光

浮图①文瑛居大云庵,环②水,即苏子美沧浪亭之地也③。亟④求余作《沧浪亭记》,曰:“昔子美之记,记亭之胜也;请子记吾所以为亭者。”

余曰:“昔吴越⑤有国时,广陵王镇吴中⑥,治园于子城⑦之西南;其外戚⑧孙承佑,亦治园于其偏。迨淮南纳土⑨,此园不废,苏子美始建沧浪亭,最后禅者⑩居之。此沧浪亭为大云庵也。有庵以来二百年,文瑛寻古遗事,复子美之构于荒残灭没之余。此大云庵为沧浪亭也。夫古今之变，朝市改易。尝登姑苏之台[11]，望五湖[12]之渺茫，群山之苍翠，太伯、虞仲之所建[13]，阖闾、夫差[14]之所争，子胥、种、蠡之所经营[15]，今皆无有矣。庵与亭何为者哉？虽然，钱镠因乱攘窃[16]，保有吴越，国富兵强，垂及四世[17]，诸子姻戚，乘时奢僭[18]，宫馆苑囿[19]，极一时之盛；而子美之亭，乃为释子[20]所钦重如此。可以见士之欲垂名于千载，不与澌[21]然而俱尽者，则有在矣。”

文瑛读书喜诗，与吾徒[22]游，呼之为沧浪僧云。

【注释】

①浮图：佛教徒。 ②环：环绕。 ③苏子美(1008—1048)：即苏舜钦，字子美，祖籍梓州铜山(今四川中江县)。北宋著名文学家，他因主张革新政治，被排挤罢官，长期退居苏州。庆历五年(1045)，苏舜钦在原五代吴越广陵王钱元的花园内建亭，名曰沧浪，并写了一篇《沧浪亭记》。“沧浪”取意于古代民歌“沧浪之水清兮，可以濯我缨；沧浪之水浊兮，可以濯我足”，寓有政治污浊则隐退闲居的意思。文章描写了在沧浪亭优美的自然环境中所感到的乐趣，借以自我安慰。 ④亟(qì)：屡次。 ⑤吴越：五代时十国之一，据有今浙江省及江苏省的部分地区。 ⑥广陵王：即钱元璙，钱镠子。吴中：旧时对吴郡或苏州府的别称，这里指苏州。 ⑦子城：大城所属的小城。 ⑧外戚：指帝王的母族或妻族。 ⑨淮南纳土：指吴越于公元978年向北宋投降。淮南，指吴越。纳土，交出领土，意即投降。 ⑩禅者：即僧人，俗称和尚。 ⑪姑苏之台：在吴县西南的姑苏山上，又名胥台。春秋时吴王阖闾所筑。 ⑫五湖：泛指太湖流域一带的所有湖泊。 ⑬太伯、虞仲：周文王祖父太王的两个儿子。 ⑭阖闾(hé lǘ)、夫(fū)差：均为春秋末年吴国国君。阖闾名光，刺杀吴王僚自立，后被越王勾践打败，重伤而死。其子夫差继位，发誓为阖闾报仇，结果打败了越国，迫使越王勾践屈服，后因骄横不听忠言，终被勾践打败，自杀。 ⑮子胥：人名。即伍子胥，名员。春秋时吴国大夫。 ⑯钱镠(liú)：五代时吴越国的建立者。临安(今浙江杭州市)人。唐末

任镇海节度使。唐亡后，后梁开平元年(907)封为吴越王，不久自立，建都杭州。攘窃：窃取帝位。 ⑰垂及四世：传到四代。吴越从钱镠建国(907)至公元978年降于北宋，共历五主，传国四代，72年。 ⑱奢僭(jiàn)：奢侈僭越。僭，超越本分，指冒用上一级的名义或器物。 ⑲苑囿(yòu)：畜养禽兽并种植林木的园林。 ⑳释子：和尚的通称，取释迦牟尼弟子的意思。 ㉑澌(sī)然：尽。 ㉒吾徒：即吾辈，指读书人。

【译文】

僧人文瑛住在大云庵，那里四面环水，从前是苏子美筑沧浪亭的地方。他多次求我写一篇《沧浪亭记》，说："从前苏子美写的《沧浪亭记》，记的是沧浪亭的优美风景；请您记述我再次筑亭的原因吧。"

我说："从前吴越国存在的时候，广陵王钱元璙镇守苏州，在小城西南面建造园林；吴越王的外戚孙承佑也在它的旁边建造园林。到后来吴越降宋，这座园林仍旧没有废弃。苏子美开始筑沧浪亭，最后和尚们又住在这里，这沧浪亭就成了大云庵。大云庵至今已两百年，文瑛寻访古代的遗迹，在荒芜残破的废墟上，恢复苏子美的建筑，这大云庵又变成了沧浪亭。古今不断变迁，朝代、都市常常更改。我曾经登上姑苏台，眺望烟波辽阔的五湖，树木苍翠的群山。太伯、虞仲所建立的国家，阖闾、夫差所争夺的东西，子胥、文种、范蠡所经营的事业，现在都没有了，大云庵和沧浪亭的兴废又算什么呢？虽然这样，钱镠趁着乱世窃取王位，占有吴越，国富兵强，传到四代，他的子孙和姻戚，趁着这机会奢侈僭越，宫馆园林在当时非常兴盛；然而只有苏子美的沧浪亭，才被佛教徒敬重到这个地步。可见士人要传留美名到千年之后，不跟形体一同消失，那是另有原因存在啊。"

文瑛读书喜欢诗，跟我们交游，我们叫他沧浪僧。

【赏析】

本文从沧浪亭的变迁和古迹的兴衰中，得出一个结论：使人永垂不朽的东西不是经不起时代风雨的纪念物，而是人的品德文章。

《老子》(选读)

五章

天地不仁[①]，以万物为刍狗[②]；圣人不仁，以百姓为刍狗。

天地之间，其犹橐籥[③]乎？虚而不屈[④]，动而愈出。多言数穷[⑤]，不如守中[⑥]。

【注释】

①仁：仁爱，爱护。 ②刍(chú)狗：古代祭祀时，用草扎成的狗，祭祀之后，就弃之不用。 ③橐(tuó)籥(yuè)：风箱。 ④屈：尽。 ⑤多言数(shuò)穷：多说话往往(使自己)陷入困境。数，屡次。穷，困境。 ⑥守中：保持虚静无为状态。中：指风箱中间空虚之处，比喻虚静无为。

【译文】

天地无所谓仁爱，因为万物都成了没有灵魂的草狗；圣人无所谓仁爱，因为百姓都成了没有灵魂的草狗。天地之间，不正像一个大风箱吗？虽然中空但没有穷尽，越推拉风量越大。人们多说话往往使自己处于困境，不如保持虚静无为的状态。

八章

上善[①]若水。水善利万物而不争。处众人之所恶[②]，故几[③]于道。

居善地[④]，心善渊[⑤]，与善仁[⑥]，言善信，政善治[⑦]，事善能，动善时[⑧]。夫唯不争，故无尤[⑨]。

【注释】

①上善：指上善之人，道德至高的人。 ②所恶(wù)：所厌恶的地方。指低洼之处。 ③几：接近。 ④居善地：居住时善于选择地方。 ⑤渊：深邃。 ⑥与善仁：与人交往时很仁爱。与，

交往。 ⑦政善治：为政时安定、太平。治，安定太平。 ⑧时：选择时机。 ⑨尤：过错，引申为灾难。

【译文】

道德至高的人就好像水一样。水善于施利于万物却不与万物相争。处于人们厌恶的低洼之处，因此它最接近“道”。上善之人安居低洼之处，心思深邃，与人交往仁慈友爱，说话守信，为政时安定太平，做事发挥所长，行动时善于把握时机。正因为他与人无争，所以没有灾难。

十三章

宠辱若惊①，贵②大患若身。

何谓宠辱若惊？宠为上，辱为下③。得之④若惊，失之若惊，是谓宠辱若惊。

何谓贵大患若身？吾所以有大患者，为吾有身⑤。及吾无身⑥，吾有何患？故贵以身为天下⑦，若可⑧寄天下；爱以身为天下，若可托天下。

【注释】

①宠辱：受宠受辱。 ②贵：看重。 ③宠为上，辱为下：把受宠视为高尚，把受辱视为卑下。 ④之：指宠辱。 ⑤有身：有我、有私。即看重自己。 ⑥及吾无身：如果我无私。及，如果。 ⑦贵以身为天下：情愿把自己的身心全部投入到治理天下的人。贵，看重，引申为愿意。以，用。为，治理。“爱以身为天下”的句意与此句相同。 ⑧若可：才可。

【译文】

受宠就惊喜，而受辱就惊慌，把大灾难看得像生命一样重要。什么叫受到宠辱好像受到惊吓呢？世人把受宠看作高尚，把受辱看作卑下，所以得到这些好像受到惊吓，失去这些也好像受到惊吓，这就叫“宠辱若惊”。什么叫把大灾难看得像生命一样重要呢？我们之所以有大的灾难，是因为我们太看重自己了，如果我们做到无私，我们能有什么祸患呢？因此情愿把自己的身心全部投入到治理天下的人，才可以将天下交给他，愿意把自己的身心全部投入治理天下的人，才可以将天下托付给他。

三十三章

知人者智，自知者明。胜人者有力，自胜者强。知足者富，强行①者有志。不失其所者久②，死而不亡③者寿。

【注释】

①强行：坚持力行。 ②不失其所者久：不违背道的人能够长久。失，丧失，引申为违背。其所，他所凭借的，此处应指“道”。 ③死而不亡：身死而精神长存。

【译文】

能够了解别人的人是聪明的，能够了解自己的人是明智的。能够战胜别人的人是有力量的，能够战胜自己弱点的人是坚强的。懂得满足的人是富有的，坚持力行的人是有意志力的。不违反道的人就能长久生存，身死而精神长存的人是真正的长寿。

四十二章

道生一，一生二，二生三①，三生万物。万物负阴而抱阳②，冲气③以为和。

人之所恶④，唯孤、寡、不穀⑤，而王公以为称。故物或损之而益⑥，或益之而损。人之所教，我亦教之⑦：“强梁⑧者不得其死。”吾将以为教父⑨。

【注释】

①“一”“二”“三”，一般分别解释为道、阴阳二气、天地人。 ②负阴而抱阳：包含着阴气与阳气两个对立面。 ③冲气：阴阳二气相互激荡。冲，激荡。气，阴阳二气。 ④恶(wù)：讨厌、厌恶。 ⑤孤、寡、不穀(即“谷”，gǔ)：都是当时君主的谦称。 ⑥或：或许，可能。或解释为“有时”。益：增加。 ⑦人之所教，我亦教之：别人用来教导我的，我也用它去教导别人。 ⑧强梁：强悍，霸道。 ⑨教父：教导人的纲领。父，比喻主要的，意

为纲领。

【译文】

道使某种事物产生，这种事物又产生第二种事物，第二种事物再产生第三种事物……万物在这种状态中产生。万物都包含着阴气和阳气两个对立面，它互相激荡而得以调和。人们所讨厌的就是“孤”“寡”“不穀”，而王公却用它们当作自己的称号。所以说事情往往是这样：本意也许是想减少它，结果反而增加了它；本意也许是想增加它，结果反而减少了它。别人用来教导我的，我也用它去教导别人：“强悍的人死无其所。”我将把这句话当作教导人的纲领。

四十五章

大成若缺，其用不弊[①]。大盈若冲[②]，其用不穷。大直若屈[③]，大巧若拙，大辩若讷[④]。躁[⑤]胜寒，静胜热，清静为天下正[⑥]。

【注释】

①弊：破，坏。　②冲：空虚。　③屈：弯曲。　④讷(nè)：不善言辞。　⑤躁：躁动，运动。　⑥正：首领，引申为最重要的。

【译文】

最圆满的好似有欠缺，但它的作用却不会损坏。最充实的好似空虚，但它的作用却不会穷尽。最直的好似弯曲，最精巧的好似笨拙，最善辩的好似不善言辞。运动能战胜寒冷，安静能克服暑热，清静无为是天下最重要的原则。

四十九章

圣人无常心[①]，以百姓心为心。善者，吾善之[②]；不善者，吾亦善之，德善[③]。信者，吾信之[④]；不信者，吾亦信之，德信。

圣人在[⑤]天下，歙歙[⑥]为天下浑其心，百姓皆注其耳

目[7]焉，圣人皆孩之[8]。

【注释】

①无常心：没有永恒不变的思想。圣人顺应万物，因时而变，所以说“无常心”。 ②善之：以善意对待他。 ③德善：得到了善。德，同“得”，意即不善良的人，我也善待他，这样就会得到好的结果，使他也变成善人。 ④信：第一个“信”是诚实的意思，第二个“信”是“相信”的意思。 ⑤在：在位，治理。 ⑥歙歙(xī)：指收敛欲望。 ⑦注其耳目：指百姓喜欢汲取知识，即多闻博见的意思。注：灌注，引申为学习。 ⑧孩之：使之闭，这里指使百姓的耳目闭塞，即“浑其心”。

【译文】

圣人没有永恒不变的思想，而是把百姓的思想作为自己的思想。善良的人，我善待他；不善良的人，我也善待他，结果就会使他变得善良。诚实的人，我相信他；不诚实的人，我也相信他，结果就会使他变得诚实。圣人治理天下，要使天下人的思想都变得混沌纯朴。百姓都喜欢多闻博见，而圣人要使他们耳目闭塞、混沌纯朴。

六十四章

其安易持[1]，其未兆[2]易谋，其脆易泮[3]，其微易散。为[4]之于未有，治之于未乱。合抱之木，生于毫末[5]；九层之台，起于累[6]土；千里之行，始于足下。

为[7]者败之，执[8]者失之。是以圣人无为，故无败；无执，故无失。民之从事，常于几[9]成而败之。慎终如始，则无败事。

是以圣人欲不欲[10]，不贵难得之货；学不学[11]，复众人之所过[12]。以辅万物之自然而不敢为。

【注释】

①持：保持。 ②兆：征兆。 ③泮(pàn)：散，解。 ④为：动词，做准备。 ⑤毫末：毛的尖端，比喻细小。毫：长而尖

锐的毛。 ⑥累：装土的筐子。 ⑦为：不遵循以上原则，按照主观愿望去做。 ⑧执：手握。指占为己有。 ⑨几：将要。 ⑩欲不欲：圣人希望得到的是一般人不愿意得到的，比如大道。 ⑪学不学：圣人学习的东西是一般人不愿意学习的。 ⑫复：反，扭转，引申为纠正。过：过错。

【译文】

事物稳定时，容易保持原状；事物还没有出现征兆时，容易图谋；事物脆弱时，容易灭掉；事物微小时，容易消散。在事情还没有发生的时候就做好准备，在国家还没有混乱时就注意治理。合抱的大树，是由细小的萌芽长成的；九层的高台，是从第一筐土筑起的；千里的路程，是从脚踏出第一步开始的。不遵循以上原则，而按照主观意愿去做，就会失败；想占为己有，就会失去它。所以圣人清静无为，因而不会失败；不去占有，因而也不会失去。人们做事，常常在快要成功的时候失败了。如果结束时依然像开始时那样慎重，就不会把事情办坏。因此圣人想得到的东西是一般人不想得到的，不重视难以得到的稀有之物；圣人学习的东西是一般人不愿学习的，并以此来纠正众人的过错。圣人遵循万物的自然本性去做事，而不敢按照个人的主观意愿去办事。

《论语》(选读)

其[①]为人也，发愤忘食，乐以忘忧，不知老之将至云尔。

【注释】

①其，指孔子。

【译文】

他的为人呀，发愤用功以至于忘了吃饭，心境快乐而忘了忧愁，连自己快要衰老了也不觉得。

宰予昼寝。子曰：“朽木不可雕也，粪土之墙不可杇

(wū)也。于予与何诛?"子曰:"始吾于人也,听其言而信其行。今吾于人也,听其言而观其行。于予与改是。"

【译文】

宰予大白天睡觉。孔子说:"腐烂的木头不能用来雕刻,污秽的土墙不能加以粉刷,对宰予,还能用什么话来责备呢?"孔子又说:"从前我看人,听了他的话,就相信他的行为。现在我(年纪大了、人生经验多了)看人,听了他说的话,还要观察他的行为。是宰予的事,给我的启发让我发生了这样的改变。"

子曰:"君子坦荡荡,小人长戚戚①。"

【注释】

①戚戚:忧愁、悲伤的样子。

【译文】

孔子说:"君子(总是)心胸宽广坦荡,小人常常忧愁悲伤。"

子曰:"质胜文则野,文胜质则史。文质彬彬,然后君子。"

【译文】

孔子说:"质朴胜过了文采,就像个粗俗野蛮的莽夫;文采胜过了质朴,便像个言辞浮夸的史官。文采和质朴配合恰当,才像个君子。"

子曰:"知者乐水,仁者乐山。知者动,仁者静。知者乐,仁者寿。"

【译文】

孔子说:"智者喜欢水,仁者喜爱山。智者活跃,仁者沉静。智者心情愉快舒畅,仁者健康长寿。"

子曰:"性相近也,习相远也。"

【译文】

孔子说:"人的天性本来是相近的,由于生活环境的影响不同便逐渐差得远了。”

子曰：“巧言乱德。小不忍，则乱大谋。”

【译文】

孔子说：“花言巧语会败坏人的美德。小事不能容忍，就会坏了大事。”

子曰：“众恶之，必察焉；众好之，必察焉。”

【译文】

孔子说：“大家都讨厌他（自己不能轻从），必定要亲自明察一下；大家都喜欢他（自己也不能轻从），必定要亲自明察一下。”

子曰：“过而不改，是谓过矣。”

【译文】

子曰：“有了过错而不改正，这才叫真正的过错。”

子曰：“君子谋道不谋食。耕也，馁在其中矣；学也，禄在其中矣。君子忧道不忧贫。”

【译文】

孔子说：“君子谋求学道，不谋求衣食。耕田，免不了挨饿；学道，可以做官得到俸禄。所以君子只愁没有学到道，不愁生活贫困。”

孔子曰：“生而知之者，上也；学而知之者，次也；困而学之，又其次也；困而不学，民斯为下矣。”

【译文】

孔子说：“生来就知道的，是上等的；学了才知道的，是次一等的；有了困惑再去学习的，是又次一等的；有了困惑也不学习，这种人就是最下等的。”

子曰："色厉而内荏，譬诸小人，其犹穿窬(yú)之盗也与?"

【译文】

孔子说："外表刚强，内心却很虚弱，假使拿小人打比方的话，大概就像个穿墙挖洞的小偷吧?"

子曰："朝闻道，夕死可矣。"

【译文】

孔子说："早晨明晓了真理，纵然当晚死去，也值得了。"

子曰："士志于道，而耻恶衣恶食者，未足与议也。"

【译文】

孔子说："一个士人如果有志于探求真理，却又因为穿得差吃得不好而羞耻，那么(这种人)是不值得同他谈论真理的。"

子曰："巧①言令②色，鲜矣仁!"

【注释】

①巧：好。 ②令：善。

【译文】

孔子说："满口说动听的话，满脸装出讨人喜欢的神色，这种人很少有仁德的。"

子曰："弟子①，入则孝，出则悌，谨而信，泛爱众而亲仁。行有余力，则以学文②。"

【注释】

①弟子：年纪幼小的人。 ②文：古代文献。

【译文】

孔子说："年轻人，在父母身边要孝顺父母，离开家要敬重兄长，言语谨慎守信，博爱众人，亲近有仁德的人。做到这些后还有余力，就用来学习文化知识。"

子夏[①]曰："贤贤，易色；事父母，能竭其力；事君，能致其身；与朋友交，言而有信。虽曰未学，吾必谓之学矣。"

【注释】

①子夏：姓卜，名商，字子夏，孔子弟子。

【译文】

子夏说："对待妻子，能看重其品德而看轻女色；侍奉父母，能竭尽全力；侍奉君主，能不惜献出生命；结交朋友，说话诚实守信用。这样的人即使他自谦说没有经过学习，我一定说他学习过了。"

子曰："君子病无能焉，不病人之不己知也。"

【译文】

孔子说："君子只担心自己没能力，不担心别人不了解自己。"

子曰："君子矜而不争，群而不党。"

【译文】

孔子说："君子端庄自持，不与人争执；能与人合群相处，但不与人结党营私。"

子曰："君子求诸己，小人求诸人。"

【译文】

孔子说："君子对自己严要求，小人对他人严苛求。"

子曰："君子食无求饱，居无求安，敏于事而慎于言，就有道而正焉，可谓好学也已。"

【译文】

孔子说："君子吃饭不追求足饱，居住不追求安逸，做事敏捷，说话谨慎，主动向有道德的人学习并改正自己的缺点，这就可以称得上好学了。”

子贡曰：“贫而无谄，富而无骄，何如?”子曰：“可也。未若贫而乐道，富而好礼者也。”

【译文】

子贡说：“贫穷却不巴结奉承，富有却不自满傲慢，怎么样?”孔子说：“可以了。但还比不上贫穷却乐于求道，富有却崇尚礼节的人。”

子曰：“不患人之不己知，患不知人也。”

【译文】

孔子说：“不要担心别人不了解自己，只忧虑自己不理解别人。”

孔子谓季氏①：“八佾②舞于庭，是可忍也，孰不可忍也?”

【注释】

①季氏：季平子，鲁国大夫。 ②八佾(yì)：行列的意思，古代舞蹈八人为一行，一行叫一佾；天子使用八行共六十四人的舞蹈，称为“八佾”。诸侯按规定使用六行，大夫只能使用四行即三十二人的舞蹈；季氏是大夫，只能用四佾，却使用“八佾”，这是僭礼的行为。

【译文】

孔子谈到季氏，说：“季氏使用六十四人的队列在自己家庭院中舞蹈，这样的事他能忍心干出来，还有什么事不能忍心干出来呢?”

子曰：“人而不仁，如礼何？人而不仁，如乐何?”

【译文】

孔子说：“如果一个人没有仁爱之心，还能遵守礼仪吗？如果一个人不仁，还能讲音乐吗？”

子在齐闻《韶》，三月不知肉味，曰：“不图为乐之至于斯也。”

【译文】

孔子在齐国听了《韶》乐后，过了三个月还不知道肉是什么味道，说：“没想到音乐美妙到这种程度。”

《庄子》(选读)①

(一)

昔者庄周梦为胡蝶，栩栩然胡蝶也，自喻适志与！不知周也。俄然觉，则蘧蘧然周也。不知周之梦为胡蝶与？胡蝶之梦为周与？周与胡蝶，则必有分矣。此之谓物化。

【注释】

①选自《庄子选译》(延边人民出版社 2007 年版)。

【作者】

庄子(约前 369—前 286)名周，战国时宋国蒙(今河南商丘东北)人，是先秦著名哲学家、思想家、文学家，道家理论集大成者。庄子的思想较为复杂，在政治上他激烈而深刻地抨击统治阶级，赞同老子的“无为而治”，与老子并称为“老庄”。老子主张摒弃一切社会制度和文化知识，其思想包含朴素辩证法因素，他片面夸大一切事物的相对性，否定客观事物的差别，否定客观真理，属于主观唯心主义；在生活态度上，他顺应自然，追求绝对的自由。

【译文】

过去，庄周梦见自己变成了蝴蝶，惬意地飞着，觉得自己非常愉快，不知道自己原本是庄周。一觉醒来，惊讶地意识到自己仍然是庄周。不知道是庄周化成了梦中蝴蝶呢？还是蝴蝶梦中化成了庄周？庄周与蝴蝶一定是有所区别的，但我现在却不知谁是庄周、谁是蝴蝶，这种转变就叫做物我的交合与变化。

(二)

吾生也有涯，而知也无涯[①]。以有涯随无涯，殆已；已而为知者，殆而已矣。为善无近名，为恶无近刑。缘督以为经[②]，可以保身，可以全生，可以养亲，可以尽年。

【注释】

①知：同"智"。涯：水边，泛指边际、界限。 ②缘：顺应，遵循。督：中，正道。"缘督"就是顺从自然之中道的含义。经：常法。

【译文】

人的生命是有限的，而知识是无止境的。用有限的生命去追求无止境的知识，是要失败的；失败了还要劳心伤神，就有危险了。做善事却不贪求名声，做恶事却不至于面对刑戮的屈辱，顺应事物的常法，就可以保全事物、保全本性。可以奉养父母，安享天年。

(三)

庖丁为文惠君解牛[①]，手之所触，肩之所倚，足之所履，膝之所踦(yǐ)，砉(huā)然响然，奏刀騞(huō)然，莫不中音，合于《桑林》之舞，乃中《经首》之会[②]。文惠君曰："谆，善哉！技盖至此乎？"

庖丁释刀对曰："臣之所好者道也，进乎技矣。始臣之解牛之时，所见无非全牛者。三年之后，未尝见全牛也。方今之时，臣以神遇而不以目视，官知止而神欲行。依乎天理，批大郤(xì)，导大窾(kuǎn)，因其固然。技经肯綮(qǐ)之未尝，而况大軱(gū)乎！良庖岁更刀，割也；族庖月更刀，折也。今臣之刀十九年矣，所解数千牛矣，而刀刃若新发于硎。彼节者有间，而刀刃者无厚；以无厚

入有间，恢恢乎其于游刃必有余地矣，是以十九年而刀刃若新发于硎(xíng)。虽然，每至于族，吾见其难为，怵(chù)然为戒，视为止③，行为迟。动刀甚微，謋(huò)然已解，如土委地。提刀而立，为之四顾，为之踌躇满志，善刀而藏之。"文惠君曰："善哉！吾闻庖丁之言，得养生焉。"

【注释】

①庖丁：厨师名。庖，厨师，丁是厨师的名，合称为庖丁。②《桑林》：商汤时乐曲名。《经首》：尧时乐曲名。　③视为止：目光专注。

【译文】

庖丁给文惠君宰牛，他手摸的地方、肩膀靠的地方、脚踩的地方、膝盖顶住的地方，都哗哗地响；刀子插进的声音，没有哪一种不合音律：与商汤的舞曲《桑林》合拍，与尧的乐章《经首》节奏一致。文惠君说："啊！太好了！你的技术怎么会高到这种地步了呢？"

庖丁放下刀回答说："我所喜爱的是事物的规律，远远超过了我对宰牛技术的追求。当初我开始宰牛的时候，所看到的无非是整头牛。三年之后，我就不曾看到整牛了。现在，我已经全凭直觉，而不是用眼睛看了，感官停止了但精神还在活动。依照牛的身体构造，从筋肉相连的间隙去劈，从骨节的空隙、顺应牛的自然结构去用刀。我的刀连筋骨纠结的地方都不会碰到，更何况大骨头了。技术好的厨师一年换一次刀，因为他们是用刀去割肉的；技术一般的厨师要一个月换一把刀，因为他们用刀去砍骨头。如今我的这把刀已经用了十九年了，所宰的牛已有数千头，可刀刃却锋利得像刚磨过一样薄。牛的骨节是有间隙的，而刀刃很薄，因此刀刃插进有间隙的骨节之中，对于刀来说绰绰有余，所以十九年了，我的刀依然像新的一样，虽然这样，每当遇到筋骨交错的地方，不好下刀，我就非常小心，目光专注，行动缓慢，慢慢下刀，牛一下子就解开了，像泥土堆在地上。这时我提刀站起来，四面环顾，踌躇满志，把刀擦抹干净收了起来。”文惠君说：“好啊！听了庖丁一席话，我懂得了养生的道理了。”

《孟子》(选读)①

(一)

孟子曰：“以力假仁者霸②，霸必有大国。以德行仁者王③，王不待大，汤以七十里，文王以百里④。以力服人者，非心服也，力不赡⑤也。以德服人者，中心悦而诚服也，如七十子⑥之服孔子也。《诗》⑦云：‘自西自东，自南自北，无思不服。’此之谓也。”

【注释】

①选自《孟子》(长江文艺出版社 2015 年版)。 ②假：假借。霸：称霸，即行霸道政治。 ③王：名词动用，称王，即行王道政治。 ④汤以七十里，文王以百里：二句都省去了“而王”，因上文有“王不待大”。 ⑤赡：足。 ⑥七十子：指孔子门下七十个左右优秀弟子，泛指孔门弟子。 ⑦《诗》：指《诗经·大雅·文王有声》，意思是四方的人被周文王德政感化，没有不衷心服从周王朝的。

【译文】

孟子说：“凭借自己的实力，假借仁义之名统一天下的人，可以称霸，称霸的国家一定要有实力。依靠道德的力量，推行仁政的，可以称王，称王天下不一定要求国家强大，商汤以方圆七十里，周文王以方圆百里(都实行了王道)。依靠武力来使人服从的，别人并不是从心里服从他，而只是因为自己的实力不足以反抗。依靠道德来使人服从的，别人就会心悦诚服，就如孔子门下七十二个贤弟子信服孔子一样。《诗经·大雅·文王有声》中说：‘从西到东，从南到北，无不心悦诚服。’说的就是这个意思。”

（二）

孟子曰："仁则荣，不仁则辱。今恶辱而居不仁，是犹恶湿而居下也。如恶之，莫如贵德而尊士，贤者在位，能者在职。国家闲暇，及是时，明其政刑，虽大国，必畏之矣。《诗》云：'迨天之未阴雨，彻彼桑土，绸缪牖户。今此下民，或敢侮予？'①孔子曰：'为此诗者，其知道乎！能治其国家，谁敢侮之？'今国家闲暇，及是时，般乐怠敖②，是自求祸也。祸福无不自己求之者。《诗》云：'永言配命，自求多福。'③《太甲》曰：'天作孽，犹可违；自作孽，不可活。'此之谓也④。"

【注释】

①《诗》：指《诗经·豳风·鸱鸮》。迨（dài）：趁。彻：取。桑土：桑树根的皮；绸缪（móu）：捆绑牢固；下民：下面的人，鸟住在树上，故称在地面上的人为下人。　②般（pán）乐怠敖：般，乐，般乐是同义复音词；怠，怠惰；敖，同"遨"，出游。　③《诗》：指《诗经·大雅·文王》；永言配命：人应该念念不忘与天命配合。　④《太甲》：本为《尚书》中的篇名，但在《古文尚书》和《今文尚书》中都已不传，也不在《逸书》之列，所以赵岐注中仅讲"殷王太甲言"，但《礼记·缁衣》有此引文，略有出入，所以还应是《尚书》的内容。违：避。活：《礼记·缁衣》作"逭"（huàn）。逃："活"字当"逭"字假借。

【译文】

孟子说："国君只要施行仁政就会有荣耀；不施行仁政就将遭屈辱。现在厌恶屈辱，但是仍然安于不仁的现状，这好似讨厌潮湿却甘心居住在低下的地方。如果厌恶屈辱，不如重视德行，尊敬贤能的人，使贤德的人治理国家，让才能出众的人担任官职。国家安定了，趁这个时机，修明政教法典，纵使是强大的邻国，也一定会畏惧它了。《诗经·豳风·鸱鸮》说：'趁着天还没阴雨，剥取桑根上的皮，把那门窗修理好。那住在下面的人，又有谁敢欺侮我？'

孔子说：‘作这首诗的人，懂得治国的道理啊！一个国君能治理好他的国家，谁还敢欺侮他们呢？’现在国家安定，如果趁这个时机，纵情享乐，怠惰从游，这简直是自取祸害。祸和福没有不是自己找来的。《诗经·大雅·文王》中说：‘人应该念念不忘与天命配合，为自己求点幸福。’《尚书·太甲》中说：‘天降祸害，还可以躲避；自己造成祸害，逃也没法逃。’说的正是这个意思。”

(三)

孟子曰：“子路，人告之以有过则喜，禹闻善言则拜。大舜有大焉[①]，善与人同，舍己从人，乐取于人以为善。自耕稼、陶、渔以至为帝[②]，无非取于人者。取诸人以为善，是与人为善者也。故君子莫大乎与人为善。”

【注释】

①大舜有大焉：有同“又”；焉，语助词。　②自耕稼、陶、渔以至为帝：据《史记·五帝本纪》记，舜为帝前曾从事过种地、烧制陶器和捕鱼等各种劳动。

【译文】

孟子说：“子路，听到别人指出他的过错就很高兴；禹听到劝导向善的话就向别人拜谢。舜比他们两个又更伟大，他善于与别人保持一致，能舍弃自己的不足，听从别人对的(意见)，乐于吸取别人的优点来行善。他从种地、制陶、捕鱼一直到后来做了皇帝，没有不听取别人意见的。吸取别人的优点来行善，是跟别人一起做好事。所以君子的品行没有比从善如流更伟大的了。”

(四)

齐宣王见孟子于雪宫[①]。王曰：“贤者亦有此乐乎？”

孟子对曰：“有。人不得，则非其上矣。不得而非其上者，非也[②]；为民上而不与民同乐者，亦非也。乐民之乐者，民亦乐其乐；忧民之忧者，民亦忧其忧。乐以天下，忧以天下，然而不王者，未之有也。”

【注释】

①雪宫：齐国离宫名，即供齐王出巡时用的行宫别墅。　②前一个“非”指非议、埋怨；后一个“非”指不对。

【译文】

齐宣王在自己的别墅雪宫会见孟子。宣王说：“贤德的人也有在这样的别墅里居住游玩的快乐吗？”

孟子答道：“有的。人们得不到这种享乐，就会埋怨他们的国君。得不到这种享乐便埋怨他们的国君，是不对的；作为民众的国君却不与民众一同享受这种快乐，也是不对的。国君以民众的快乐为自己的快乐，民众也会以他的快乐为他们的快乐；国君以民众的忧愁为自己的忧愁，民众也会以他的忧愁为他们的忧愁。以天下人的快乐为快乐，以天下人的忧愁为忧愁，这样还不能使天下归服，是没有过的。”

第七编 赋 乐府 戏曲

赋

赋是我国古代的一种有韵文体，介于诗和散文之间，类似于后世的散文诗。它讲求文采、韵律，兼具诗歌和散文的性质。其特点是“铺采摛文，体物写志”，侧重于写景，借景抒情。最早出现于诸子散文中，叫“短赋”；以屈原为代表的“骚体”是诗向赋的过渡，叫“骚赋”；汉代正式确立了赋的体例，称为“辞赋”；魏晋以后，日益向骈对方向发展，叫做“骈赋”；唐代又由骈体转入律体叫“律赋”；宋代以散文形式写赋，称为“文赋”。著名的赋有：杜牧《阿房宫赋》、曹植《洛神赋》、欧阳修《秋声赋》、苏轼《前赤壁赋》、庾信《哀江南赋》等。

阿房宫赋

杜牧①

六王毕②，四海一③，蜀山兀，阿房出④。覆压三百余里，隔离天日⑤。骊山北构而西折，直走咸阳⑥。二川溶溶⑦，流入宫墙。五步一楼，十步一阁，廊腰缦回，檐牙高啄，各抱地势，钩心斗角。盘盘焉，囷囷焉⑧，蜂房水涡，矗不知其几千万落⑨。长桥卧波，未云何龙⑩？复道行空，不霁何虹⑪？高低冥迷，不知西东。歌台暖响，春光融融；舞殿冷袖，风雨凄凄。一日之内，一宫之间，而气候不齐。

妃嫔媵嫱⑫，王子皇孙，辞楼下殿，辇来于秦⑬，朝歌夜弦⑭，为秦宫人。明星荧荧⑮，开妆镜也；绿云扰扰⑯，梳晓鬟也；渭流涨腻⑰，弃脂水也；烟斜雾横，焚椒兰也⑱；雷霆乍惊，宫车过也⑲；辘辘远听，杳不知其所之也。一肌一容，尽态极妍，缦立远视，而望幸焉。有不得见者三十六年[20]。

燕、赵之收藏，韩、魏之经营，齐、楚之精英[21]，几世几年，取掠其人[22]，倚叠如山。一旦不能有，输来其间。鼎铛[23]玉石，金块珠砾[24]，弃掷逦迤[25]，秦人视之，亦不甚惜。

嗟呼！一人之心，千万人之心也。秦爱纷奢，人亦念其家，奈何取之尽锱铢[26]，用之如泥沙！使负栋之柱，多于南亩[27]之农夫；架梁之椽，多于机上之工女；钉头磷磷，多于在庾[28]之粟粒；瓦缝参差，多于周身之帛缕；直栏横槛，多于九土之城郭[29]；管弦呕哑，多于市人之言语。使天下之人，不敢言而敢怒，独夫[30]之心，日益骄固。戍卒叫，函谷举[31]，楚人一炬，可怜焦土[32]。

呜呼！灭六国者，六国也，非秦也。族秦者[33]，秦也，非天下也。嗟夫！使六国各爱其人，则足以拒秦；秦复爱六国之人，则递[34]三世可至万世而为君，谁得而族灭也？秦人不暇自哀，而后人哀之；后人哀之而不鉴之，亦使后人而复哀后人也。

【注释】

①杜牧(803—853)：字牧之，祖籍京兆万年(今陕西省西安市)人。二十六岁中进士，曾做了十多年的幕僚。世称“小杜”(以别于杜甫)，与李商隐齐名，著有《樊川集》。 ②六王：指楚、齐、韩、赵、魏、燕六国的君王。毕：完结。 ③四海：即全国。一：统一。 ④蜀山：蜀地之山，即今川陕边界的山脉。兀：山高而秃，这里形容山上树木已被砍伐干净。 ⑤据《三辅黄图》记载：“阿房宫，亦曰阿城。惠文王造宫，未成而亡。始皇广其宫。规恢三百余里，离宫别馆，弥山跨谷，辇道相属，阁道通骊山八百余里。” ⑥骊山：在今陕西省临潼县东南。咸阳：秦都城，故城在今陕西省咸阳市东。 ⑦二川：渭水、樊川。溶溶：河水缓流的样

子。　⑧盘盘：盘旋的样子。囷囷（qūn）：屈曲的样子，曲折回旋的样子。　⑨蜂房：蜂巢内的小室，比喻建筑物的多和密。水涡：漩涡，比喻建筑物的曲折回旋；一说水涡即瓦沟。落：院落；一说指屋檐的滴水装置。　⑩《周易·乾·文言》："云从龙，风从虎。"古人迷信，认为云必伴随龙生，风必跟着虎起。　⑪复道：《史记集解》引韦昭说："复道，空中阁道。"霁：雨后或雪后转晴。　⑫妃：皇帝的妾，地位次于皇后。嫔：皇帝的妾，地位次于妃。媵（yìng）：妾的一种。古代贵族女子出嫁时的随嫁女子，称为媵。嫱（qiáng）：宫中女官。　⑬辞楼下殿，辇（niǎn）来于秦：辞别（六国的）楼阁宫殿，乘辇车来到秦国。　⑭朝歌：早晨唱歌。夜弦：晚上奏乐。　⑮荧荧：明亮的样子。　⑯绿云：比喻妇女黑润而稠密的头发。《木兰辞》："当窗理云鬓。"扰扰：纷纷扬扬。　⑰涨腻：涨起了（一层）脂膏（含有胭脂、香粉的洗脸用的"脂水"）。　⑱焚椒兰：古代贵族妇女在房中烧香料以熏室。　⑲语出《长门赋》："雷殷殷而响起兮，声象君之车音。"汉武帝陈皇后失宠，贬居长门宫，惆怅哀婉，郁郁寡欢，文学家司马相如为她写了这篇作品。⑳有不得见者三十六年：秦始皇在位36年，形容阿房宫很大，有36年都没有见到皇帝的宫女。　㉑收藏、经营、精英：皆指六国搜刮的珍宝。　㉒取掠：掠夺、搜刮。人：民。　㉓鼎：古代食器。也有专铸的鼎，当作传国重宝。铛（chēng）：平底的浅锅。㉔块：土块。砾：粗沙。　㉕逦迤（lǐ yǐ）：连续不断。这里有"连接着""到处都是"的意思。　㉖锱铢（zī zhū）：古代极小的重量单位。一锱等于六铢，一铢约等于后来一两的二十四分之一。　㉗南亩：泛指田野。《诗·豳风·七月》："同我妇子，馌彼南亩。"　㉘磷磷：水里的石头密集，这里是形容密集的样子。庾（yǔ）：露天谷仓。　㉙郭：外城。　㉚独夫：失去人心而极端孤立的统治者，这里指秦始皇。　㉛戍卒叫：指陈胜吴广起义。据《史记·陈涉世家》，陈胜、吴广于秦二世元年（前209）七月率谪戍渔阳（今北京密云县西）的戍卒数百人在大泽乡（今安徽宿县西南）揭竿起义。函谷：函谷关（今河南省灵宝县西南）。秦二世三年（前207）八月，赵高杀秦二世，立子婴为帝。十月，刘邦入关，进兵灞上，子婴迎降。 ㉜楚人：项羽及其部队。《史记·秦始皇本纪》："项羽引兵西屠咸阳，杀秦降王子婴，烧秦宫室，火三月不灭。" ㉝族：古时的一种残酷的刑法，多指诛灭九族。 ㉞递：传递，这里指王位顺着次序传下去。

【译文】

六国被灭之后，全国就统一了。秦始皇下令砍光了蜀山的树木，建起了阿房宫。阿房宫面积广大，占地三百多里，遮天蔽日。从骊山北边开始修筑，再向西转弯，一直走向咸阳。渭水樊川，浩浩荡荡地流进宫墙里边。五步一座楼台，十步一处亭阁，长廊像绸带般，回环萦绕；檐头像仰天啄食的鸟嘴，翘然上指。各处建筑都随着地形的起伏而自然变化，四方向核心辐凑，又互相争雄斗势。盘旋曲折，如同密密的蜂房，又像旋转的水涡，高高耸立，也不知有几千万座院落！长桥横卧渭水，天空无云，何处飞来了苍龙？复道飞跨长空，不是雨过天晴，怎么会出现彩虹？令人晕头转向，不识高低，难辨西东。歌台上笙歌嘹亮而充满暖意，有如春光融融；舞厅里长袖飘逸而充满寒意，有如苦雨凄风。在一天之内，一宫之间，气候却完全不一样。

六国的妃子、嫔御、媵妾、女官、王子、皇孙，辞别(六国的)楼阁宫殿，乘辇车来到秦朝的阿房宫中，清晨唱歌，傍晚弹琴，变成了秦王的宫人。明星闪闪，是美人打开了梳妆的奁镜；绿云纷纷，是美人早晨梳理着黑色的长发；渭水泛起一层油腻，是美人泼弃的胭脂水；宫中弥漫着烟雾，是焚烧着的椒兰；雷霆突然震响，是皇帝乘坐的宫车驶过；可车声辘辘，渐行渐远，也不知去向何方。宫妃们千姿百态，梳妆打扮，远远地眺望，盼望着皇帝的到来。有些宫女竟这样等了三十六年，连皇帝的面孔都没有见过。

燕国、赵国收藏的金银，韩国、魏国聚敛的珠玉，齐国、楚国挑选的珍宝，都是年久日深，从他们的人民那里掠夺来的，堆积如山。一旦国破家亡，这些再也不能占有了，都被运进了阿房宫中。秦国人把宝鼎当作铁锅，美玉当作顽石，金银当作土块，珍珠当作沙砾，随便乱扔，遍地都是，秦人看见这些，也并不感到可惜。

唉！一个人的心愿，也就是千万个人的心愿。秦皇喜欢繁华奢侈，人民也顾念自己的家，为什么收取的时候，一丝一毫也不放过，耗费起珍宝来就像对待泥沙一样！使得宫中支撑栋梁的柱头，比田野里的农夫还要多；架在梁上的椽条，比织布机上劳动的妇女还要多；密集的钉头，比放在露天谷仓里的粟粒还要多；参差不齐的瓦缝，比全身衣服上的纱线还要多；纵横长短的栏杆，比全国的城郭还要多；管弦奏出的嘈杂声，比集市上的人声还要多；使天下的人民，口里不敢说，心里却很愤怒。可失去人心而极端孤立的秦始皇，却一天天更加骄傲顽固。(结果)戍边的陈涉、吴广一声呼喊，函谷一举攻开，楚兵一把大火，把阿房宫烧成一片焦土。

啊，消灭六国的，是六国自己啊，而不是秦国；消灭秦国的，是秦国自己啊，而不是天下的人民。哎，假使六国都能爱护自己的人民，那么就完全能够抵挡住秦国了。假如秦国能够爱护六国的人民，那么皇位就可以传到三代，以至传到千秋万世，谁能够消灭他们的家族呢？秦人来不及痛惜自己的亡国，而后人替他们哀伤；如果后人哀悼他们却不把他们作为镜子来吸取教训，也会使更后的人又来哀悼这后人了。

【赏析】

本文作于唐敬宗宝历元年(825)。作者在《上知己文章启》中说："宝历大起宫室，广声色，故作《阿房宫赋》。"阿房(旧读páng)宫是秦始皇所建的宫苑，故址在今陕西省西安市西南的阿房村。据史书所载，阿房宫的建筑穷极奢华，充分表现了秦始皇的残暴荒淫。而唐敬宗却公然步秦始皇的后尘，即位之初就大兴土木，纵情声色，给广大人民带来巨大的灾难，也使江河日下的国势更加岌岌可危。对此，杜牧颇怀忧虑，所以援笔铺纸，借古讽今。

本文既充分发挥了赋的长处，又能奇偶错落，骈散互用，长短结合，夹叙夹议。描写处铺排夸张，概括凝练，极力形容阿房宫体制的宏丽、宫廷生活的奢侈。议论时笔锋犀利，所向披靡，着重揭露独夫民贼与广大人民的尖锐对立。两两相生，有力地突出了作品的主题。最后作者指出，得民心者得天下，失民心者亡国家，由此而导出本篇的鉴戒之义。文章语言精练，工整而不堆砌，富丽而不浮华，气势雄健，风格豪放。

洛神赋(节选)①

曹植

余告之曰：其形也，翩若惊鸿，婉若游龙②。荣曜秋菊，华茂春松③。仿佛兮若轻云之蔽月，飘飖兮若流风之回雪④。远而望之，皎若太阳升朝霞；迫而察之，灼若芙蕖出渌波⑤。襛纤得衷，修短合度⑥。肩若削成，腰如约素。延颈秀项，皓质呈露⑦。芳泽无加，铅华弗御⑧。云髻峨峨，修眉联娟⑨。丹唇外朗，皓齿⑩内鲜。明眸善睐，靥辅承权⑪。瑰姿艳逸，仪静体闲⑫。柔情绰态，媚于语言⑬。奇服旷世，骨像应图⑭。披罗衣之璀粲兮，珥瑶碧之华琚。戴金翠之首饰，缀明珠以耀躯⑮。践远游之文履，曳雾绡之轻裾⑯。微幽兰之芳蔼兮，步踟蹰于山隅⑰。于是忽焉纵体，以遨以嬉⑱。左倚采旄，右荫桂旗⑲。攘皓腕于神浒兮，采湍濑之玄芝⑳。

【注释】

①选自《辞赋》(长江文艺出版社 1996 年版)　②"翩若"二句：形容体态轻盈婉转。翩：鸟疾飞的样子，为摇曳飘忽之意。　③荣曜(yào)：光彩照人。华茂：华美茂盛。这两句说洛神容光焕发，好像秋菊春松。　④仿佛：若隐若现的样子。飘飖：动荡不定。回：回旋。这两句是说，洛神若隐若现，像轻云蔽月；飘忽不定，似轻风旋雪。　⑤皎：洁白光亮。迫：靠近。灼：鲜明的样子。芙

蕖：荷花。渌(lù)：清彻。　⑥襛(nóng)纤：肥瘦。衷：通“中”。修：细而长。　⑦“肩若”四句：第一句说她肩窄如削成。第二句说她的腰细如束素。第三句说她颈项秀长。延：长。前叫颈，后叫项。第四句说雪白的肌肤显露出来。　⑧芳泽：香脂。铅华：粉。无加、弗御：都是不必施用之意，这里是说洛神既不用施脂，也不用敷粉。　⑨云髻：发髻美如云。峨峨：高耸的样子。联娟：微微弯曲的样子。　⑩皓齿：洁白的牙齿。　⑪明眸：明亮的眼珠。善睐：顾盼多姿。靥(yè)辅：俗称酒窝。承，连接。权：同“颧”，颧骨。　⑫瑰姿：美妙的姿态。艳逸：艳丽飘逸。仪静：仪态文静。体闲：体态娴雅。闲，通“娴”，娴雅。　⑬绰：绰约，美好。媚于语言：语言柔媚动人。　⑭旷世：绝世。骨像：骨骼形貌。应图：像画中人一样。　⑮璀粲：鲜明的样子。珥(ěr)：珠玉做成的耳饰。这里作动词用，戴。瑶碧：美玉。华琚：刻有花纹的玉佩。翠：翡翠。　⑯践：穿，着。远游：鞋名。文履，绣花鞋。曳：拖。雾绡：薄纱，轻薄如雾的纱。裾：裙边。　⑰幽兰：兰花。芳蔼：香气。步：闲步。隅：角。　⑱纵体：舒展身躯。遨：游。嬉：戏。　⑲采旄(máo)：彩旗。“采”同“彩”。桂旗：用桂枝为竿做的旗。　⑳攘：捋起，指挽起袖子伸出。神浒：神所游的水边，即洛水边。湍濑(lài)：水流很急的河滩。玄芝：黑色的芝草，相传为神草。

【作者】

曹植(192—232)，字子建，沛国谯县(今安徽亳县)人。曹操第三子。诗歌以五言为主，词采华茂。辞赋、散文艺术成就也都很高，生前为陈王，去世后谥号“思”，又称“陈思王”。

【赏析】

《洛神赋》为曹植辞赋中的杰作，也是建安时代抒情小赋的代表作之一。全篇以浪漫主义的手法，通过梦幻的境界，描写人神之间的真挚爱情，但终因“人神殊道”无从结合而惆怅分离。本赋充满着强烈的抒情气息与传奇意味。它以辞赋的形式将一个风华绝代的女子刻画得生动传神。

前赤壁赋[①]

苏轼

壬戌之秋，七月既望，苏子与客泛舟于赤壁之下，清风徐来，水波不兴。举酒属客，诵明月之诗，歌窈窕之章[②]。少焉，月出于东山之上，徘徊于斗牛之间。白露横江，水光接天。纵一苇之所如，凌万顷之茫然[③]。浩浩乎如冯虚御风，而不知其所止；飘飘乎如遗世独立，羽化而登仙[④]。

于是饮酒乐甚，扣舷而歌之。歌曰："桂棹兮兰桨，击空明兮溯流光[⑤]。渺渺兮予怀，望美人兮天一方。"客有吹洞箫者，倚歌而和之。其声呜呜然，如怨如慕，如泣如诉，余音袅袅，不绝如缕，舞幽壑之潜蛟，泣孤舟之嫠妇[⑥]。

苏子愀然[⑦]，正襟危坐而问客曰："何为其然也[⑧]？"

客曰："'月明星稀，乌鹊南飞。'此非曹孟德之诗乎？西望夏口，东望武昌，山川相缪，郁乎苍苍，此非孟德之困于周郎者乎[⑨]？方其破荆州，下江陵，顺流而东也，舳舻千里，旌旗蔽空，酾酒临江，横槊赋诗，固一世之雄也，而今安在哉[⑩]！况吾与子渔樵于江渚之上，侣鱼虾而友麋鹿；驾一叶之扁舟，举匏樽[⑪]以相属；寄蜉蝣于天地，渺沧海之一粟[⑫]。哀吾生之须臾，羡长江之无穷。挟飞仙以遨游，抱明月而长终[⑬]。知不可乎骤得，托遗响于悲风[⑭]。"

苏子曰："客亦知夫水与月乎？逝者如斯，而未尝往也；盈虚者如彼，而卒莫消长也[⑮]。盖将自其变者而观之，则天地曾不能以一瞬[⑯]；自其不变者而观之，则物与我皆无尽也，而又何羡乎！且夫天地之间，物各有主，苟非吾之所有，虽一毫而莫取。惟江上之清风，与山间之明月，耳得之而为声，目遇之而成色，取之无禁，用之不竭：是造物者之无尽藏也，而吾与子之所共适[17]。”

客喜而笑，洗盏更酌[18]。肴核既尽，杯盘狼籍。相与枕藉[19]乎舟中，不知东方之既白。

【注释】

①选自《辞赋》（长江文艺出版社 1996 年版）。 ②举酒属（zhǔ）客：举起酒杯请客人同饮。属，通“嘱”，致意，这里为劝酒。“诵明月”二句：指《诗·陈风·月出》首章。原文是：“月出皎兮，佼人僚兮，舒窈纠兮，劳心悄兮。”“窈纠”即“窈窕”。 ③白露横江：白茫茫的水汽笼罩江面。纵：任。一苇：比喻极小的船。所如：所往。“凌万顷”句：船在旷远宽阔的江面上来去。凌，越过。 ④“浩浩乎”句：浩浩荡荡地像凌空驾风而行。浩浩乎，水势浩荡的样子。冯（píng）虚：即凭空、凌空。遗世独立：抛开尘世，了无牵挂。羽化：道家用语，即成仙。传说中成仙的人能像长了翅膀一样飞行。登仙：飞入仙境。 ⑤扣舷：敲击船边，指打节拍。桂、兰：都是美称，用来形容桨棹的精美。空明：月亮照入水中澄明如空。泝流光：指船在浮动着月光的水面上逆流而行。泝，同“溯”，逆流而上。 ⑥舞，泣：都是使动用法。嫠（lí）妇：寡妇。 ⑦愀（qiǎo）然：忧愁的样子。 ⑧正襟危坐：整理衣襟，（严肃地）端坐着。“何为”句：（箫声）为什么这样悲凉呢？何为，为何。 ⑨夏口：即今湖北汉口。武昌：今湖北鄂城。缪：盘绕。“此非曹孟德”句：这不是曹操被周瑜围困败退的地方吗？ ⑩方其：当他（曹操）。破荆州：指建安十三年七月，曹操率军击荆州，降服刘琮，不战而占领荆州。当时荆州州治在今湖北襄阳，管辖南阳、江夏、长沙等七郡。下江陵：指曹操又击败刘备，攻占江陵。舳舻（zhú lú）：战船前后相连，这里指战船。酾（shī）酒：原意是滤酒，这里是斟酒的意思。槊（shuò）：长矛。 ⑪匏（páo）樽：葫芦做的酒器。 ⑫“寄蜉蝣”句：像蜉蝣寄寓在天地之间。蜉蝣：一

种朝生暮死的小昆虫。这里以蜉蝣喻人生短促。“渺沧海”句：渺小得像大海里的一粒小米。⑬“挟飞仙”二句：和神仙一起，乘兴而游；与月亮一道，永远长存。挟：伴随。⑭“知不可”二句：明明知道这是不可能实现的，只好把表达自己心情的箫声寄托在悲凉的秋风里。骤：多。遗响：余音。⑮“逝者如斯”四句：像这江水不断地流淌，而实际并没有流去。像那月亮时圆时缺，而最终没有增减。斯：这，指水。往：消逝。盈虚：指月满、月亏。彼：那，指月亮。⑯“盖将”二句：若从变化的一面来看，那么天地间的事物都在变化，连一眨眼的工夫都不停。无尽：没有穷尽，不会消灭。⑰“是造物者”二句：这是造物者无穷无尽的宝藏，是我和你共同享受的。造物者：大自然。适：快意，享受。⑱洗盏更酌：洗了酒杯，重新再饮。更：重新，又。⑲相与枕藉：互相靠着睡。枕：枕头。藉：垫褥。这里的枕、藉均为动词。

【作者】

苏轼(1037—1101)，北宋大文学家，书画家。字子瞻，号东坡居士，眉山(今属四川)人。他和父亲苏洵、弟苏辙，合称“三苏”，都是“唐宋八大家”。历任杭州、密州、徐州等地方官，后官至礼部尚书。屡遭贬谪，他却能以旷达的态度对待，往往谪一处爱一处。

【赏析】

这篇赋是苏轼被贬黄州期间写的。它抒发了作者政治上屡遭贬谪的失意和苦闷，也表达了自己矢志不移的情怀，揭示了作者当时复杂矛盾的心情。第一段写作者夜游赤壁的情景，以景抒情，融情入景，情景俱佳。第二段写作者饮酒放歌的欢乐和客人悲凉的箫声。第三段写客人对人生短促无常的感叹，客人的话表现了一种虚无主义思想和消极的人生观，这是作者借客之口流露出的自己思想的一个方面。第四段是作者针对客人的话陈述自己的看法以宽解对方，这表现了他的豁达。因此，即使身处逆境，他也能从人生无常的怅惘中解脱，理性地对待生活。第五段写客听了作者的话，转悲为喜，开怀畅饮，照应开头。

后赤壁赋[1]

苏轼

是岁十月之望，步自雪堂，将归于临皋[2]。二客从予过黄泥之坂。霜露既降，木叶尽脱，人影在地，仰见明月，顾而乐之，行歌相答[3]。

已而叹曰："有客无酒，有酒无肴。月白风清，如此良夜何！"客曰："今者薄暮，举网得鱼，巨口细鳞，状似松江之鲈。顾安所得酒乎[4]？"归而谋诸妇。妇曰："我有斗酒，藏之久矣，以待子不时之需。"

于是携酒与鱼，复游于赤壁之下。江流有声，断岸千尺，山高月小，水落石出。曾日月之几何，而江山不可复识矣[5]！予乃摄衣而上，履巉岩，披蒙茸，踞虎豹，登虬龙[6]；攀栖鹘之危巢，俯冯夷之幽宫[7]。盖二客不能从焉。划然长啸[8]，草木震动，山鸣谷应，风起水涌。予亦悄然而悲，肃然而恐，凛乎其不可留也[9]。反而登舟，放乎中流，听其所止而休焉[10]。时夜将半，四顾寂寥。适有孤鹤，横江东来，翅如车轮，玄裳缟衣[11]，戛然长鸣，掠予舟而西也。

须臾客去，予亦就睡。梦一道士，羽衣翩跹[12]，过临皋之下，揖予[13]而言曰："赤壁之游乐乎？"问其姓名，俯而不答。"呜呼噫嘻！我知之矣！畴昔[14]之夜，飞鸣而过我者，非子也邪？"道士顾笑，予亦惊悟[15]。开户视之，不见其处。

【注释】

①选自《辞赋》(长江文艺出版社 1996 年版)。 ②步自雪堂：从雪堂步行出发。雪堂：苏轼在黄州所建的新居。临皋：亭名，也

是苏轼在黄州寓居之所。 ③顾而乐之：俯仰环顾，非常快乐。行歌相答：边走边唱歌，互相应答。 ④“顾安”句：但从什么地方能弄到酒呢？顾，但是。安所：何所，哪里。 ⑤“曾日月”二句：意思是说，才过了几天啊，江山的景象变得不认识了。曾，才。从上次写《前赤壁赋》时游赤壁，到这次游赤壁，仅隔三个月。 ⑥摄衣：撩起衣襟。履巉(chán)岩：登上险峻的山岩。披：拨开。蒙茸：杂草。踞虎豹：蹲坐在形似虎豹的(山石)上。登虬(qiú)龙：攀着像虬龙一样弯曲的(古木)。 ⑦栖：鸟宿。鹘(gǔ)：隼，鹰的一种。俯：俯视。冯(píng)夷：水神。幽宫：深宫，此指深渊。这一句是说，上登山的极高处，下临江的极深处。 ⑧划然：长啸的声音，好像物之划裂似的响声。 ⑨“凛乎”句：感到凄清恐惧，觉得不能再停留了。 ⑩“放乎中流”两句：把船放到江中间，任凭船停在什么地方就在什么地方休息。 ⑪玄裳：黑色下裙。缟衣：白色的上衣。仙鹤身上的羽毛是白的，尾巴是黑的，所以这样说。 ⑫羽衣：用鸟羽制成的衣服。翩跹(piān xiān)：本指旋转的舞姿，这里是指步履飘然轻快的样子。 ⑬揖予：向我拱手施礼。 ⑭畴昔：过去。这里指昨天。 ⑮惊悟：惊醒。

【赏析】

这篇赋也作于被贬黄州期间，与《前赤壁赋》是姊妹篇。前两段叙事，写游赤壁的缘起，第三段是全文核心，从江岸夜景到山崖险情，到心情变化，跌宕多姿，第四段借孤鹤道士的梦境，表达豁达的胸怀和慕仙出世的思想。

乐　　府

乐府初设于秦代，是当时的一个专门管理乐舞演唱教习的机构。汉武帝时正式设立乐府，其任务是收集编纂各地民间音乐、整理改编与创作音乐、演唱及演奏音乐等。后来，“乐府”成为一种带有音乐性的诗体名称。保存下来的乐府民歌，真实地反映了下层人民的生活。其文体较《诗经》《楚辞》更为活泼自由，发展了五言体、七言体及长短句等，并多以叙事为主，塑造了性格鲜明的人物形象。《孔雀东南飞》《木兰辞》是汉魏以来乐府中叙事民歌的优秀代表作。

战城南[1]

战城南，死郭北[2]，野死不葬乌可食[3]。为我谓乌："且为客豪[4]。野死谅不葬，腐肉安能去子逃[5]？"水深激激[6]，蒲苇冥冥[7]。枭骑[8]战斗死，驽马徘徊鸣[9]。梁筑室[10]，何以南？何以北[11]？禾黍不获君何食[12]？愿为忠臣[13]安可得？思子良臣[14]，良臣诚[15]可思：朝行出攻[16]，暮不夜归[17]！

【注释】

①选自《古诗十九首与乐府诗》(上海古籍出版社2002年版)。

②郭：外城。古代城墙分内外两道，内称"城"，外称"郭"。"郭北"与"城南"互文见义，指全城都有战争和战死的人。 ③野死：战死在荒野。乌：乌鸦。 ④客：指战死者。豪：号哭。 ⑤"野死"二句：死在荒野的尸体想必无人收葬，腐烂的尸肉怎会从你们口中逃走呢。谅：想必。去：离开。子：你，你们。 ⑥激激：水清彻的样子。 ⑦冥冥：水草葱郁暗绿的样子。 ⑧枭骑：骁勇的骑兵。枭，通"骁"。 ⑨驽马：劣马。这两句以马喻人：英勇者战死，懦怯者偷生。 ⑩梁：桥梁。筑室：构筑宫室、兵营。 ⑪"何以"二句：那南北两岸的人民如何来往呢？ ⑫禾黍：泛指庄稼。 ⑬忠臣：指保家卫国的战士。 ⑭子：你，你们。良臣：对战死士兵的美称。 ⑮诚：确实。 ⑯出攻：出发战斗。 ⑰暮不夜归：晚上不能回来，意指战死荒野。

【赏析】

《战城南》是一首以极悲痛极低缓的语调悼念阵亡战士的哀歌，

同时表达了对战争的反感。

此歌是对“一将功成万骨枯”的诠释和穷兵黩武的谴责，格调悲悯苍凉。前方力尽战死，弃尸遍野；后方兵连饥荒，黍地无人耕。战争给人民带来的双重苦难在诗中得到了真切深刻的体现。

上　邪[1]

上邪[2]！我欲与君相知[3]，长命无绝衰[4]。山无陵[5]，江水为竭[6]，冬雷震震[7]，夏雨雪[8]，天地合，乃敢与君绝！

【注释】

①选自《古诗十九首与乐府诗》(上海古籍出版社 2002 年版)。②上邪：天啊。邪，同“耶”，语助词。　③君：指所爱的人。相知：结为知己。　④长命：永远使得。命，通“令”。　⑤山无陵：指高山变成平地。陵，山峰。　⑥竭：干涸，枯竭。　⑦震震：形容雷声。　⑧雨(yù)雪：下雪。雨，用作动词。

【赏析】

这是女子的自誓之词，连用“山夷平地”“江水枯竭”“冬天响雷”“夏天下雪”“天地合一”五种不可能出现的自然现象，把坚贞不渝的爱情表现得热烈坚决，充满了磐石般坚定的信念和火焰般炽热的激情。音节顿挫，铿锵有力，生动展现了女主人公对爱情的忠贞。

陌　上　桑[1]

日出东南隅，照我秦氏楼。秦氏有好女，自名为罗敷。罗敷喜蚕桑，采桑城南隅。青丝为笼系[2]，桂枝为笼钩[3]。头上倭堕髻[4]，耳中明月珠。湘绮[5]为下裙，紫绮为

上襦[6]。行者见罗敷，下担捋髭须[7]。少年见罗敷，脱帽著帩头[8]。耕者忘其犁，锄者忘其锄。来归相怨怒，但坐观罗敷[9]。

使君[10]从南来，五马立踟蹰。使君遣吏往，问是谁家姝？"秦氏有好女，自名为罗敷。""罗敷年几何？""二十尚不足，十五颇有余。"使君谢[11]罗敷："宁可共载不[12]？"罗敷前置辞："使君一何愚！使君自有妇，罗敷自有夫。"

东方千余骑[13]，夫婿居上头。何用识夫婿？白马从骊驹[14]；青丝系马尾，黄金络马头；腰中鹿卢剑[15]，可直[16]千万余。十五府小吏，二十朝大夫，三十侍中郎，四十专城居。为人洁白皙，鬑鬑颇有须[17]。盈盈公府步，冉冉府中趋[18]。坐中数千人，皆言夫婿殊[19]。

【注释】

①选自《古诗十九首与乐府诗》(上海古籍出版社2002年版)。②青丝：黑色丝绳。笼：采桑用的竹篮。系(jì)：篮上络绳。③笼钩：篮子上的提柄。这两句写罗敷用器的精美。④倭堕髻：又称"堕马髻"，偏在一侧，呈欲堕不堕之状。⑤湘绮：有花纹的浅黄色丝织品。⑥襦(rú)：短袄。⑦捋(lǚ)：抚摸。髭须：唇上胡子称髭，颊下胡子称须。⑧著：显露。帩(qiāo)头：又称"绡头"，古代男子束发的纱巾。⑨但坐：只因为。⑩使君：汉时对太守、刺史的通称。⑪谢：这里是"请问"的意思。⑫宁可：愿意。共载：同车而归，指嫁给使君。⑬东方：罗敷虚构自己丈夫的做官之地。千余骑形容丈夫的随从众多。⑭"白马"句：那个骑着白马、后面跟着骑黑骏马随从的人就是我的丈夫。骊(lí)：纯黑色的马。驹：此指骏马。⑮鹿卢剑：剑柄用玉装饰的辘轳形的长剑。⑯直：同"值"。⑰鬑(lián)鬑：胡须疏朗的样子。⑱"盈盈"二句：写其夫君无论是慢步还是急行，都从容不迫，风度高雅，雍容华贵。盈盈：从容舒缓的样子。公府步：即"官步"，以方步行走。冉冉：走路缓慢。趋：快步走。⑲殊：人才出众。

【赏析】

这篇汉乐府是一首语言优美、风格诙谐的民间叙事诗。它叙述了采桑女秦罗敷巧拒一个好色的“使君”的故事。第一段写罗敷的美貌，先用环境、器物衬托其美，然后重点描写其服饰的华美，接着侧面烘托，如此能激发读者无穷的想象力。第二段写使君觊觎罗敷的美貌，向她提出无理要求，暴露其肮脏的灵魂。第三段写罗敷夸夫以巧拒使君，写丈夫威仪赫赫，仕途通达，品貌兼优，让自以为身份显赫的使君自惭形秽，罗敷的内在美——不畏权势，敢于与权势斗争的精神充分体现出来了。至此，“好女”的形象在读者面前逐渐明朗；她不仅具有美丽的外表，而且具有充满魅力的人格，故而千百年来，“罗敷”成了人们心中理想化的女性形象。

饮马长城窟行①

青青河畔草，绵绵②思远道。远道不可思③，宿昔④梦见之。梦见在我傍，忽觉在他乡。他乡各异县，展转⑤不相见。枯桑知天风，海水知天寒⑥。入门各自媚⑦，谁肯相为言⑧！客从远方来，遗我双鲤鱼⑨。呼儿烹鲤鱼⑩，中有尺素书⑪。长跪⑫读素书，其中意何如：上言⑬加餐饭，下言⑭长相忆。

【注释】

①选自《古诗十九首与乐府诗》(上海古籍出版社 2002 年版)。②绵绵：双关语，由连绵不断的青青春草，引起对征人不断的情思。 ③不可思：指思而不得。 ④宿昔：指昨夜。 ⑤展转：同“辗转”。 ⑥“枯桑”二句：这两句是说枯桑虽无叶，仍然感到风吹；海水虽不结冰，仍然感到天冷。 ⑦各自媚：只顾自家相亲相爱。媚：爱。 ⑧言：音讯。这句是说：没有一个肯为我传递音讯。 ⑨双鲤鱼：指信函。 ⑩烹鲤鱼：这里是诗人故意将打开书

信说成烹鱼，表达心情的欢乐。 ⑪尺素书：写在白色生绢上的信。古人写文章或书信用一尺左右的绢帛，称为“尺素”。 ⑫长跪：席地而坐，坐时两膝着地，臀部压在脚后跟上且将上身挺直，以示尊敬。 ⑬上言：书信前一部分。 ⑭下言：书信后一部分。

【赏析】

《饮马长城窟行》为汉乐府古辞，一作《饮马行》。诗的开头由春草而“思远道”，紧接着却说“远道不可思”，要在梦中相见，却又感到梦境是虚的，于是又回到相思难见上，充分体现了思妇的怀人之情。最后情节陡转，忽有客从远方捎来信函，而在信中也获得了远方传来的对她坚定不移的情意。全诗文字质朴自然，情感真切浓郁。“不可思”变成“梦见”，梦见情景又忽远忽近、忽真忽幻。

戏　曲

《桃花扇》第四十出《余韵》选段①

(清)孔尚任

【离亭宴带歇指煞】俺曾见金陵玉殿莺啼晓，秦淮水榭花开早，谁知道容易冰消。眼看他起朱楼，眼看他宴宾客，眼看他楼塌了。这青苔碧瓦堆，俺曾睡风流觉，将五十年兴亡看饱。那乌衣巷不姓王，莫愁湖鬼夜哭，凤凰台楼枭鸟。残山梦最真，旧境丢难掉，不信这舆图换稿！诌一套[哀江南]，放悲声唱到老。

【注释】

①选自《桃花扇》(人民文学出版社2015年版)。

【作者】

孔尚任(1648—1718)，字聘之，又字季重，自称云亭山人。山东曲阜人，清初诗人、戏曲作家，世人将他与《长生殿》作者洪昇并论，称“南洪北孔”。

《西厢记》第四本第三折选段[1]

(元)王实甫

【耍孩儿】淋漓襟袖啼红泪，比司马青衫更湿。伯劳东去燕西飞，未登程先问归期。虽然眼底人千里，且尽生前酒一杯。未饮心先醉，眼中流血，心里成灰[2]。

【注释】

①选自《西厢记》(人民文学出版社 2015 年版)。 ②“眼中”二句：形容极度悲痛。

【作者】

王实甫(1260—1336)，名德信，大都(今北京市)人。元代著名戏曲作家。

《窦娥冤》第三折选段[1]

(元)关汉卿

【滚绣球】有日月[2]朝暮悬，有鬼神[3]掌著生死权。天地也只合把清浊分辨，可怎生糊突了盗跖颜渊：为善的受贫穷更命短，造恶的享富贵又寿延。天地也，做得个怕硬欺软，却元来也这般顺水推船。地也，你不分好歹何为地。天也，你错勘贤愚枉做天！哎，只落得两泪涟涟。

【注释】

①选自《中国十大古典悲剧集》(上海文艺出版社 1985 年版)。 ②日月：喻统治天下的皇帝。 ③鬼神：喻掌握百姓生杀大权的官吏。

【作者】

关汉卿，元代杂剧作家，被誉为“曲圣”。

《牡丹亭》第十出《惊梦》选段一[1]

(明)汤显祖

【皂罗袍】原来姹紫嫣红开遍[2]，似这般都付与断井颓垣。良辰美景奈何天，赏心乐事谁家[3]院！恁般景致，我老爷和奶奶再不提起。(合)朝飞暮卷，云霞翠轩；雨丝风片，烟波画船——锦屏人[4]忒看的这韶光贱！(贴)是花都放了，那牡丹还早。

【注释】

①选自《牡丹亭》(人民文学出版社2015年版)。 ②姹紫嫣红：形容各种艳丽的花朵。 ③谁家：哪一家。 ④锦屏人：深闺中人，包括游园之前的自己。

【作者】

汤显祖(1550—1616)，中国明代戏曲家、文学家。

《牡丹亭》第十出《惊梦》选段二[1]

(明)汤显祖

【好姐姐】(旦)遍青山啼红了杜鹃[2]，荼蘼[3]外烟丝醉软。春香呵，牡丹虽好，他春归怎占的先！(贴)成对儿莺燕呵。(合)闲凝眄，生生燕语明如翦，呖呖莺歌溜的圆。(旦)去罢。(贴)这园子委是观之不足也。(旦)提他怎的！(行介)

【注释】

①选自《牡丹亭》(人民文学出版社2015年版)。 ②啼红了杜鹃：开遍了红色的杜鹃花。该句是由杜鹃(鸟)泣血联想起来的。 ③荼蘼：花名，晚春时开放。

第八编　现代诗歌

沙扬娜拉

——赠日本女郎

徐志摩

最是那一低头的温柔，
像一朵水莲花不胜凉风的娇羞，
道一声珍重，道一声珍重，
那一声珍重里有甜蜜的忧愁——
沙扬娜拉！

【作者】

徐志摩(1897—1931)，浙江海宁人，中国现代著名诗人。

【赏析】

本文选自《沙扬娜拉十八首》，写于1924年作者随印度诗人泰戈尔访日期间。这是一首赠别诗，也是徐志摩抒情诗中的“绝唱”，向来为人们所传诵。

本诗短短五句，既有语言又有动作，微妙而逼真地勾勒出送别女郎的万种柔情。

再别康桥

徐志摩

轻轻的我走了，
　正如我轻轻的来；
我轻轻的招手，
　作别西天的云彩。

那河畔的金柳，
　是夕阳中的新娘；
波光里的艳影，
　在我的心头荡漾。

软泥上的青荇，
　油油的在水底招摇；
在康河的柔波里，
　我甘心做一条水草！

那榆荫下的一潭，
　不是清泉，是天上虹
揉碎在浮藻间，
　沉淀着彩虹似的梦。

寻梦？撑一支长篙，
　向青草更青处漫溯，
满载一船星辉，
　在星辉斑斓里放歌。

但我不能放歌，
　悄悄是别离的笙箫；
夏虫也为我沉默，
　沉默是今晚的康桥！

悄悄的我走了，
　正如我悄悄的来；
我挥一挥衣袖，

不带走一片云彩。

【赏析】

这首诗写于1928年诗人第三次漫游欧洲的归途中，写的是那年一个夏日的感想。全诗以离别康桥时的感情变化为线索，抒发了诗人对康桥的依依不舍之情。

雨　巷

戴望舒

撑着油纸伞，独自
彷徨在悠长，悠长
又寂寥的雨巷，
我希望逢着
一个丁香一样的
结着愁怨的姑娘。

她是有
丁香一样的颜色，
丁香一样的芬芳，
丁香一样的忧愁，
在雨中哀怨，
哀怨又彷徨；

她彷徨在这寂寥的雨巷，
撑着油纸伞
像我一样，
像我一样地
默默彳亍(chì chù)着，

冷漠，凄清，又惆怅。

她默默地走近
走近，又投出
太息一般的眼光，
她飘过
像梦一般地，
像梦一般地凄婉迷茫。

像梦中飘过
一枝丁香地，
我身旁飘过这女郎；
她静默地远了，远了，
到了颓圮(pǐ)的篱墙，
走尽这雨巷。

在雨的哀曲里，
消了她的颜色，
散了她的芬芳，
消散了，甚至她的
太息般的眼光，
丁香般的惆怅。

撑着油纸伞，独自
彷徨在悠长，悠长
又寂寥的雨巷，
我希望飘过
一个丁香一样地

结着愁怨的姑娘。

【作者】

戴望舒(1905—1950)，浙江杭州人，中国现代派象征主义诗人。1928年发表诗歌《雨巷》轰动文坛，他因此获得“雨巷诗人”的美誉。

【赏析】

《雨巷》写于1927年的夏天，是戴望舒的成名作，也是他的代表作。当时革命失败的阴云笼罩着中国大地，压抑的外部环境和沉郁的内部心境交互影响，使诗人唱出了中国现代诗歌的绝唱。

你是人间的四月天

林徽因

我说你是人间的四月天；
笑响点亮了四面风；轻灵
在春的光艳中交舞着变。

你是四月早天里的云烟，
黄昏吹着风的软，星子在
无意中闪，细雨点洒在花前。

那轻，那娉婷，你是，鲜妍
百花的冠冕你戴着，你是
天真，庄严，你是夜夜的月圆。

雪化后那片鹅黄，你像；新鲜
初放芽的绿，你是；柔嫩喜悦
水光浮动着你梦期待中白莲。

你是一树一树的花开，是燕
在梁间呢喃，——你是爱，是暖，
是希望，你是人间的四月天！

【作者】

林徽因(1904—1955)，中国著名作家、建筑学家。

【赏析】

关于这首诗，多数学者认为是诗人为儿子梁从诫的出生而作，以表达心中对儿子的希望和儿子出生带来的喜悦。四月是一年中的春天，是春天中的盛季。诗人将这样的春景比做心中的“你”，写下心中的爱，写下一季的心情。

我不知道风是在哪一个方向吹

徐志摩

我不知道风
是在哪一个方向吹——
我是在梦中，
在梦的轻波里依洄。

我不知道风
是在哪一个方向吹——
我是在梦中，
她的温存，我的迷醉。

我不知道风
是在哪一个方向吹——
我是在梦中，
甜美是梦里的光辉。

我不知道风
是在哪一个方向吹——
我是在梦中，
她的负心，我的伤悲。

我不知道风
是在哪一个方向吹——
我是在梦中，
在梦的悲哀里心碎！

我不知道风
是在哪一个方向吹——
我是在梦中，
黯淡是梦里的光辉。

【赏析】

这首诗说出了徐志摩最高的诗歌理想：回到生命的本体去，去追求生命的纯美纯真境界！在当时丑恶与黑暗笼罩的现实世界里，在新与旧的激烈交锋中，徐志摩的这一理想不过是一场梦。

我用残损的手掌

戴望舒

我用残损的手掌
摸索这广大的土地：
这一角已变成灰烬，
那一角只是血和泥；
这一片湖该是我的家乡，
（春天，堤上繁花如锦障，

嫩柳枝折断有奇异的芬芳,)
我触到荇藻和水的微凉;
这长白山的雪峰冷到彻骨,
这黄河的水夹泥沙在指间滑出;
江南的水田,你当年新生的禾草
是那么细,那么软……现在只有蓬蒿;
岭南的荔枝花寂寞地憔悴,
尽那边,我蘸着南海没有渔船的苦水……
无形的手掌掠过无限的江山,
手指沾了血和灰,手掌沾了阴暗,
只有那辽远的一角依然完整,
温暖,明朗,坚固而蓬勃生春。
在那上面,我用残损的手掌轻抚,
像恋人的柔发,婴孩手中乳。
我把全部的力量运在手掌
贴在上面,寄与爱和一切希望,
因为只有那里是太阳,是春,
将驱逐阴暗,带来苏生,
因为只有那里我们不像牲口一样活,
蝼蚁一样死……那里,永恒的中国!

【赏析】

1942年春,戴望舒在香港被日本宪兵逮捕入狱。在狱中他虽遭受严刑折磨,但他以不屈的意志坚守忠贞,写下此诗。诗分为两部分,第一部分写诗人关注和想象祖国被沦陷的土地,把无限的痛苦与深切关注的感情都贯注于“残损的手掌”上,他要摸索那有血和泥的祖国广大的土地。第二部分,诗人摸到了“那辽远的一角”,那里是“温暖,明朗,坚固而蓬勃生春”,写到这里,诗人以无限的温柔全力描摹,加以一连串的比喻,尽情地歌颂和赞美,使爱国主义感情得到升华。

死　水

闻一多

这是一沟绝望的死水，
清风吹不起半点漪沦。
不如多扔些破铜烂铁，
爽性泼你的剩菜残羹。

也许铜的要绿成翡翠，
铁罐上锈出几瓣桃花；
再让油腻织一层罗绮，
霉菌给他蒸出些云霞。

让死水酵成一沟绿酒，
漂满了珍珠似的白沫；
小珠们笑声变成大珠，
又被偷酒的花蚊咬破。

那么一沟绝望的死水，
也就夸得上几分鲜明。
如果青蛙耐不住寂寞，
又算死水叫出了歌声。

这是一沟绝望的死水，
这里断不是美的所在，
不如让给丑恶来开垦，
看他造出个什么世界。

【作者】

闻一多(1899—1946),原名闻家骅,又名闻亦多,字友三。湖北浠水人。著有《红烛》《死水》《闻一多诗文选集》《闻一多全集》等。

【赏析】

这首诗是用“死水”象征黑暗的现实生活,也就是当时中国的一个缩影。全诗表达了诗人对当时中国腐朽颓败的社会现状的失望以及极度愤怒。

一朵野花

陈梦家

一朵野花在荒原里开了又落了,
不想到这小生命,向着太阳发笑,
上帝给他的聪明他自己知道,
他的欢喜,他的诗,在风前轻摇。

一朵野花在荒原里开了又落了,
他看见青天,看不见自己的渺小,
听惯风的温柔,听惯风的怒号,
就连他自己的梦也容易忘掉。

一九二九年一月大悲楼阁

【作者】

陈梦家(1911—1960)笔名陈慢哉,浙江上虞人。著有诗集《梦家诗集》《不开花的春》《铁马集》《在前线》《梦家存诗》等。

【赏析】

这是一首咏物抒情短诗。诗人通过写一朵野花的活泼,来表达他对于自己诗歌生命的认识,蕴含了积极向上的生命力。